112
127
129

Für diese Ausgabe
© 1998 Verlag Das Wunderhorn
Bergstraße 21
69120 Heidelberg
Alle Rechte vorbehalten
© für die einzelnen Texte siehe Anhang
Titelabbildung: Max Ernst, Séverin. © VG Bild-Kunst, Bonn 1998
Erste Auflage
Satz: Cyan, Heidelberg
Druck: Fuldaer Verlagsanstalt, Fulda
ISBN: 3-88423-139-1

Michael Braun / Hans Thill (Hrsg.)

Das verlorene Alphabet

Deutschsprachige Lyrik
der neunziger Jahre

Wunderhorn

Günter Eich

Später

Erfahrungen abdrehen
und ungehemmt
zählen bis
93, auch weiter.

Jedenfalls
für die Silvesternacht
1999
bin ich verabredet.
Weiter im Gebirge, auf
einem Kanapee,
freue mich, man hat
wenig Abwechslung.

Mein Land

Durs Grünbein

Biologischer Walzer

Zwischen Kapstadt und Grönland liegt dieser Wald
Aus Begierden, Begierden die niemand kennt.
Wenn es stimmt, daß wir schwierige Tiere sind
Sind wir schwierige Tiere weil nichts mehr stimmt.

Steter Tropfen im Mund war das Wort der Beginn
Des Verzichts, einer langen Flucht in die Zeit.
Nichts erklärt, wie ein trockener Gaumen Vokale,
Wie ein Leck in der Kehle Konsonanten erbricht.

Offen bleibt, was ein Ohr im Laborglas sucht,
Eine fleischliche Brosche, gelb in Formaldehyd.
Wann es oben schwimmt, wann es untergeht,
Wie in toten Nerven das Gleichgewicht klingt.

Fraglich auch, ob die tausend Drähtchen im Pelz
Des gelehrigen Affen den Heißhunger stillen.
Was es heißt, wenn sich Trauer im Hirnstrom zeigt.
Jeden flüchtigen Blick ein Phantomschmerz lenkt.

Zwischen Kapstadt und Grönland liegt dieser Wald
...Ironie, die den Körper ins Dickicht schickt.
Wenn es stimmt, daß wir schwierige Tiere sind
Sind wir schwierige Tiere weil nichts mehr stimmt.

Heinz Czechowski

Seifershain

Ja, das ist er,
Der Ort, wo ich
Mich, wie die Alten
Sagten, sammle. Hier,

Wo Sebastian die Orgel
Schlug, les ich
Mickels Gedichte.
Gerührt,

Besteig ich
Das Fahrrad und eile
Nach Hause, um ihm
Zu schreiben, wie wir

Auf dem Dach
Des Hotels in Stara Sagora
Sangen: unten
Die Leute

Wunderten sich
Über die Fremden.
Und wie du
Mir meinen Whiskey

Gesoffen: 120 Löwen!
Und Mond
Und Sonne zugleich
Überm Pontus Euxinos!

Bianchetti,
Gardeleutnant aus Brixen,
Ruhet
In Seifershains Erde.

Sarah Kirsch

Die andere Welt

Ich bin der Ochse der sieben Kämpfe
Im verkommenen Staat meiner Heimat.
Ein Eber war ich an Tapferkeit bin
Das Murmeln sanfter Flüsse und frei.

Volker Braun

Das Eigentum

Da bin ich noch: mein Land geht in den Westen.
KRIEG DEN HÜTTEN FRIEDE DEN PALÄSTEN.
Ich selber habe ihm den Tritt versetzt.
Es wirft sich weg und seine magre Zierde.
Dem Winter folgt der Sommer der Begierde.
Und ich kann *bleiben wo der Pfeffer wächst.*
Und unverständlich wird mein ganzer Text
Was ich niemals besaß wird mir entrissen.
Was ich nicht lebte, werd ich ewig missen.
Die Hoffnung lag im Weg wie eine Falle.
Mein Eigentum, jetzt habt ihrs auf der Kralle.
Wann sag ich wieder *mein* und meine alle.

Friedrich Christian Delius

Selbstporträt mit Luftbrücke

Zu neunundneunzig Prozent ein Schimpanse
streif ich durchs Gelände des restlichen Prozents,
durchs Gehölz der Gene vorwärts wohin und
immer den Schritt weiter, der dann zu weit geht: Abstand!
suche die Hautfelder, die zeitweise frei sind,
den Herztakt eins zwei, eins zwei, eins zwei,
bis es heißt: Abstand! und keine Zeit ist vertan.
Meine, deine, alle Zellen sind nicht einfach Zellen,
sondern wie kurze Bindfäden gebaut, winzige
Neuronenfäden, melden die Wissenschaftler.
Ich hab das längst geahnt, *zarte Lebensfäden,*
die sich Gewißheiten entziehen: alles ein Tasten,
Schaukeln, Näherrücken, Abstand feiern. Ich
entferne mich

Und bin da, Treppen, Rolltreppen, Rollfelder,
wo die Kinder mit Händen nach Flugzeugen griffen,
aus denen Kohlen, Rosinen, Schweinehälften fielen.
1948, mein erster Versuch abzuheben,

am Boden geblieben, im Boden versunken
neben dem Kirchplatz, weil der Motor stotterte
und ich immer im falschen Moment die Luft ausstieß.
Selten gelang mir, was die fliegenden Menschen
touch down nennen, in der richtigen Sekunde
am richtigen Ort mit angemessener Geschwindigkeit
landen.

Ach, frag mich nicht, wohin die Reise geht,
wenn so viele Maschinen in alle Windrichtungen starten
und Ankunft und Abfahrt eine Sekunde oder ein Jahrzehnt
auseinanderliegen: gewohnt, dem *Stand der Dinge*
möglichst weit hinterher zu sein oder voraus,
beobachte ich die Fäden der Verlassenheit,
wie sie vibrieren, zerreißen, verbinden,
bis in die Schuhspitzen, die Fingerkuppen -
und was eben noch zu greifen war, verschwindet
in einem hellen Bildpunkt, hinter Zahlenschlössern,
Stirnwänden.

Im Septemberlicht klare, durchsichtige Stimmen,
die keinen Verstärker brauchen –
ungeschickt steh ich vor diesem Denkmal,
mit dem faltigen Gesicht eines Schimpansen,
warte, bis die Fotografen mit der Arbeit fertig sind,
und fahnde nach dem Lächeln, das die Fundamente bricht –

Ein Sprung, ein Echo, Augenblitz:
neben einem Wasser leben,
das nicht steigt, an einer Brücke, die
durch das Dickicht der Luft führt auf eine überraschende
Bahn: und dann –

Norbert Hummelt

dunst

du suchst die nähe überlebter dinge
warum auch nicht? es schaut ja
keiner zu wie du die klinke drückst

der aus der thermoskanne grüne
bohnen ißt, nimmt selber kaum notiz
du hast ein dünnes heft aus dem regal
gezogen: die lettern haften noch
die widmung ausradiert, der sprache
fruchtfleisch riecht so süß verdorben
dein sakko durchgescheuert an den
ellenbogen u. der ihn vor dir trug
ist noch nicht lang verstorben. ist
auch egal. zuzeiten flüchtest du
obschon noch jung, ins stammlokal
mit den getönten scheiben, ganz
ohne aussicht auf die dämmerung
verrauchte luft, in fremder rede
dunst gehüllter mund, du bist nicht
mitgemeint. ist das jahrhundert
denn noch nicht zu ende? du sitzt
bei gulasch u. liest gottfried benn
aus einem jener alten limesbände.

Johannes Kühn

Glückshaut

Eine Glückshaut
fand ich nie an mir,
geboren bin ich
zu leiden,
zu schlafen unter dem Nordstern.

Bringt nur die Beispiele
aller, die mit einer Glückshaut gingen
Wege und Länder,
ich war nicht dabei,
nichts blüht in meinem Fußtritt.

Kummerfalten
zogen sich durch mein Gesicht,
und schau ich in einen gekochten Brei,

wird er sauer
und schmeckt nicht mehr.

Kummerfalten
zogen sich durch mein Gesicht,
und schau ich in einen weißen Himmel,
fliegt er abwärts
und regnet.

Leben mit Kummerfalten muß ich,
eine Glückshaut an mir
streift sich von selber ab
durch die Luft,
eh der Tag kommt,
eh die Nacht kommt,
schnell im Zwielicht
flattert sie davon.

Günter Herburger

Die Ungeduld

Wenn ich schon sterben muß,
lüde ich Ofenbleche
zum Singen ein,
fachsimpelte noch
mit Hasen und Gewürm.

Es schwänden die Sorgen
um Kinder und Strümpfe,
Kriege schrumpften
zu einem Katarrh,
das Spazieren durch Bücher
nähme ein Ende,
Sonne und Wolken
bemächtigten sich der Stirn.

Selbst Räuberinnen und Mörder
gingen kurzfristig in Ferien,
hinterlegten Visitenkarten
vorsorglich in einer Bank,
Liebende führen in ihren Autos
früher nach Hause,
Schlüssel und Einkaufstaschen
bedankten sich für langen Verkehr.

Nur im Gasthaus Incannucciata,
eine Schilfmattenkonstruktion
am Platz der Märtyrerinnen und Frömmler,
brennte noch Licht.
Sie hülfen beim Abschied,
die einen mit Betten
aus angebrannten Haaren,
die anderen mit einer Schüssel
voll Löwenzahngelee.

Dann begönne das Bersten
oder inwendige Verrinnen,
Angst und Todesschweiß
vereinigten sich zu einem See,
in dem die Gestirne,
die ebenfalls haltlos
geworden wären, entkämen,
bis es keine Namen mehr gäbe
wie ganz am Anfang
vor den Toren der Schwere.

Kurt Drawert

Das letzte Bild

Jetzt singen sie auf den Märkten
des Westens. Ich sah sie noch auf hohen Tribünen,
wir waren gerade verkleidet und spielten Pioniere im Land,
Adoptivenkel stolzer, russischer Folkloresoldaten.

15

Wie faules Obst von den Zweigen
stürzten später die Engel. Wer erwachsen genug war,
schaufelte die Gräber. Ihre Lieder änderten sich nicht.
Eine rote Nase aus Pappe aber vollendet das Bild

und erklärt, was die Texte verschweigen. Danke.

Manfred Peter Hein

Unbenachbart

Wo Schlaf in Schlaf die Angel legt
unter Wasser steht der Wald
Weiß in Schwarz schmilzt

neunschwänzige Katze geduckt am Weg
Pfeil im toten Winkel
zähl bis zehn ich

Niedergebrannt die Dörfer Gesichter
zerfleischt Bilder ich peitsch
zusammen ins Aug

unbenachbart lauert mir auf und
Ich schrei schrei schrei aus
mich der ich war

Verrenkter Baum Hier dein Schatten

Wolfgang Hilbig

der fußgänger

längst war mein schritt behutsam nicht mehr frei
ein fuß dem steilen rückgrat stets voraus
                              ich ging
als sei ich endlich aufgewacht … womöglich war ichs auch

ähnlich dem herbst: er ist der frühling der toten –
die hände flogen mir ich sah den fluß verschwimmen
im sonnenuntergang der groß sein höhnisches verlachen
im rücken mir versprengte
        ich hielt nicht an
und wußte doch nicht ob ich wirklich vorwärts
drang ob flutgleich wüster boden mir entgegen schwankte
ob ich auf wassern lief
        unter dem rohen pfiff des winds
ob kreiselnd fahrt vom aufgebäumten heck der häuserzeile zog
und stürme in der stadt warn oder himmelsdünung teilten
wutschäume landgebundner böen
ob seegang kochte blindlings über alle grenzen stürzte...
sprühgischt und spülicht
        verschütteten die glut –
die letzte vorstadtstraße kreuzte wahllos
des strandguts buchten dunkel plötzlich weite strecken
seichter brache
        nicht mehr rollend
           asche kalt beglänzt
schwarze zungen die in krater krochen toter wucher...
novembernacht...
        brücke der ich abgeheuert
sie stampfte noch um ihre pfeiler schlingerte das bodenlose
verloren hinter mir das schattenschiff der stadt
ich hört es noch wie losgelassne segel donnern...
ich dachte an das schiff des fortschritts
wurmstich an bord
das deck verseift von schmier
von schimmelfraß verfugte planken...
so sah ich diese stadt:
        ein spielball in den kurs
geworfen doch schon längst verflucht
           schlagseitig hielt
der rumpf des abgewrackten ungetüms noch stand
indes sein schiefer aufbau randlos abzutriften schien –
so flog die totenstille stadt den nächten zu.

ich schritt auf ihrem auswurf hin im baugrund ihres untergangs
ins nichts ins negativ des daseins setzte ich den fuß
ins exkrement in der materie widersinn –

nun durft ich nicht mehr blind der fügung glauben.
o denkversuche die aus jedem halt gelöst
gleich vögeln aus papier in lüften feuer fingen
und schnell verlodernd in der leeren ferne
mir finstre löcher in die netzhaut brannten...
november war erwacht...

                      gottlose pracht entblößter jahreszeit
funkelnd im bereiften schmutz...die sterne
nackt

      obszön

             der ausgebrannte raum vom sturm verlassen...
schwer fällts zurückzukehren aus dem unmaß
der gedankenfreiheit

             wo die fragmente splittern
verrückten kompaßnadeln gleich die antithesen wirbeln
tauwetter schmilzt

           und eis gefriert

              zu gleicher zeit
so streifen sich die stumpfen enden zweier jahre
am schwarzen rand des firmaments...
ich wendete

         und widerrief die schwüre
des glücks verwarf den magnetismus meines wahns
ich ließ den toten ihren glaubenseifer lehnte ab
den grabesduft der weisheit und verschloß mich ihren fistelstimmen
ich folgte ihnen nicht unter den ersten regen...
ohnmächtig landwärts strebend sucht ich grund
im eingefrornen übelstand der straßen
betrat die hinterhöfe wieder wo die nacht
zur niedertracht verkommt verließ die flut
wo sie zum strand verkommt –
dort wo ich war was ich gewesen: als ich lebte...
gefangner meiner socken und pantinen.

fußgänger war ich...und wars ganz und gar...
niemals war ich mehr...

               mein leben war ein ödes zimmer
manchmal ein zweites zimmer:
ellbogen die dem tisch zur evidenz gedient
knotige knöchel aufgeschürft am grind von suppenresten

18

verbanden mich dem widerlichen tischtuch…
schrittmacher war ich blick für blick dem steilen
rückgrat stets voraus…
                                    und jeder blick aus mir
diente den wänden die mein auge schützten
vor allem was ich sah
vor allem was an fährnis aufstand
gegen das zimmer drin ich passagier war.

Herbert Achternbusch

Langboh

Warum ich Karpfen liebe
Weil sie Langboh nicht gesehen haben
Warum ich Karpfen nicht liebe
Aus demselben Grund

Dirk von Petersdorff

Solche devotio, solche Bescheidenheit der
Lust, das AMSELKLEID, der BIRKENDUFT.

Ich sitz in Delmenhorst, ich sage: *Tal
ist das Land, das der Höhen bedarf.*

Ich singe: *Es blühn drei Rosen auf einem
Zweig.* Niedersachsen jedenfalls hat

seinen Namen ganz zurecht. (Hat
Novalis die Frauen hybridisiert?

Wer das sagen könnte.) Birken sind die
langweiligsten Bäume des Universums.

Ich sitz in Delmenhorst, DIE HÄHNIN
kräht. (Der Siege göttlichster ist das

Vergeben.) Ich führ das Leben eines
Kandidaten und weiß doch nicht

woraufhin? Ich bin gesetzt, ich
sitze dezentriert in Delmenhorst.

Tom Pohlmann

Von Kaff zu Kaff

Diese Legende vom verwirrten,
überdrehten, abgedrehten Hund.
Diese Legende vom ins Endlose
erweiterbaren Hund.
Der Hund als Anbauküche
für das Schnitzel, und die Schmerzen
und die Marmeladengläser -
wenn man die Schnabeltasse
nicht mitzählt. Die Legende
vom verdrehten, vom verirrten
armen, aber dehnbaren Wesen
aus Knochen und Fell.

Sascha Anderson

Von I. nach J.

Kein Mitleid einerseits, nur kalter Leib / und wenn ich es
von innen her betrachte / eiskalt, den Blick auf die Natur
gelegt / erwärmt es lediglich, was ich mir dachte // das
seinerzeit voraus und frei zu sein / von jener Hülle, die
auch ich verachte / von außen hin ein Erz, ein Herz das
steht / und stand, bedeutet - dem Himmel gleich, der
Maske // des Südens und des Lorbeers - Endlichkeit / war

nicht der Zweck der Nachricht, der sie brachte / der Un-
aussprechliche ist, überdreht / gesprochen, unfaßbar, der
Sache Sinn // kein Mitleid, wie gesagt, es ist in ihm,
ein Bild / entblößt von jener Farbe, die ihn schwerer machte.

Norbert Hummelt

linksrheinische installation

u. so die tage gehen hin
wie nichts, wer nichts bei
sich behält u. wer erbricht's
auch frankfurt ist innen drin
riesenhaft öde, so öd wie köln
sich zeigt am barbarossaplatz
ein mann tritt aus der bahn
ein apparat, der nur noch bier
zu pisse macht, das riecht man
der kennt die zugeknallte
ganze gegend, die nervenenden
wo der schmerz beginnt
u. so die tage gehen nichts
wie hin, links hier des rheins
da installiert ich bin
u. sprach's u. stand mit
ausgekühlten augen, allein vor
der spiegelverglasten front.

Christian Geissler (k)

aus den klopfzeichen des kammersängers

1

in aller untreue lustig
grüße ich aus dem loch
heimlich die freude im kopf.

nur hurtig fort.
es währt.
herein.

2

mir werden die hände lahm
mir brucht der magen ein
mir fällt das arschloch auf
mir fault am fuß das fleisch
mir platzt im girn das licht

böser funken
mich dorrt.

schon schläft die gedankin beim tod.

4

himmel aus netz und stahl
erde aus asche und blut
ins dörre stürzen versponnene messer.

wer hat uns die waffe umgarnt.
wessen blut ist verbrannt.

es ist ein weißer himmel vor unsren erhobenen armen.

es schreibt
hinterm tuch
die frau
einen schrei.

Hugo Dittberner

Ein Georg

Ich werde Engländer; verkaufe
Hannover, erwerbe Oxford; werde
unübersichtlich im schmalen wilden

Garten beim roten Efeuhaus.
Führe ein schwerhöriges Leben
unter Vögeln, vor dunklen Möbeln,
zum Schlag der großen Pendeluhr.
Lasse die Tinte rückwärts laufen.

Rolf Haufs

Umbrien

Christus Drachenflieger. Der der den Tempel schultert
Sieht aus als trüge er einen Sack Weizen
Aus dem Hubschrauber winken
Die Heiligen

Du ißt süßes Brot. Ich die Kastanien
Du sprichst von Mohn. Ich fühle apokalyptisch
Du kommst mit dem Ölzweig. Ich fürchte
Zu ersticken.

Ja wir haben Übung
Um drei bin ich wach
Atmende Flügel.

Kito Lorenc

die unerheblichkeit berlins
beobachtet aus Wuischke am Czorneboh

die unerheblichkeit berlins
ist gerade dadurch erträglicher
daß berlin unerheblich ist

deshalb macht auch niemand viel aufhebens
von der unerheblichkeit berlins

die unerheblichkeit berlins
wird durch zuzug nicht erheblicher
wie durch abzug nicht unerheblicher

ob berlin an seiner unerheblichkeit gelegen ist
es bleibt unerheblich

die unerheblichkeit berlins
ist mit keiner anderen vergleichbar
sie ist unvergleichlich

obwohl berlin nicht unerheblicher ist als anderes
wirkt es besonders unerheblich

die unerheblichkeit berlins
läßt sich nur mit sich selbst vergleichen
indem man all die unerheblichkeiten vergleicht

welche zusammengenommen
die unerheblichkeit berlins ergeben

so würde man durch eine Erhebung sicher feststellen
daß die eine oder andere unerheblichkeit berlins
erheblicher ist als die übrigen

aber insgesamt wird auch dadurch
die unerheblichkeit berlins nicht erheblicher

Harald Hartung

Kurznachrichten

Potsdamer Autonummern und neue Gesichter
Gekonnte Blickvermeidungen auf dem Treidelweg

Frachtkähne ziehen vorüber wie Lebensalter
Wen tröstets auf die flatternde Wäsche zu schauen?

Im Garten wartet der Hausbesitzer im Gebüsch
da steht er seit Tagen und ist nicht zu vertreiben

Oft hast du schon nachts die neue Küche demoliert
während ich wieder die Anschlußzüge verpasse

Draußen auf dem Atlantik tobt der Orkan und drückt
den Tanker gegen die Steilküste: bis Blut austritt

Harald Gerlach

Cumberland-Schau

Das Eintrittsgeld im Fausthandschuh – der
erste Markt im Jahr starrte vor Kälte. In
der Bretterbude glühte der Kanonenofen im
Wettstreit mit meinen heißen Ohren. Der SPRECHENDE
KOPF stak körperlos auf schwarzem Tisch und lächelte
blöd ins Dunkel. Dort hockten wir auf knarrenden
Bänken und bestaunten das Versprechen im güldenen
Licht. Ich heiße Leila, sagte der Kopf, während
der Magier mit seinem Stecken zwischen den
Tischbeinen fuchtelte: ein Beweis, daß dem Kopf
kein Leib anhänge.
          Abends sah ich den Kopf
im Konsum. Er war nicht mehr gülden und hatte
dünne Beine; die Strickstrümpfe hingen traurig
gebeutelt um spitze Knie. Das war im Januar
meiner Kindheit, auf dem Kalten Markt, wo die Tauben
lebendigen Leibes gefroren und Bärenreuther
im dichten Gedränge, in seiner Not, in Mutters
Einholetasche brunzte. Und der Gedanke, daß Bilder
nichts bedeuten, daß sie nur herhalten müssen,
den schwarzen Trick zu verbergen, machte mich kopf-
los.

Róža Domašcyna

Unterm weißleinenen tuch
für Madlena Chěžcyna

es war winter
als der fleischer kam
ich floh auf den oberboden
faltete aus zeitungen schiffe
die schenkte ich dir
du holtest aus der schürzentasche
klebriges süßzeug
das schmeckte nach schafen
(die nannte ich Liska)
ihr meckern die letzten hohen schreie
hörte ich mit dem daumen im ohr
an deinem körper
bekam das schlachten den geruch von leinwand
die duftete nach wind und buchsbaum
nach sonne und kerzen
noch heute
hält sich im haus das wetzen des messers
wie im fleische der schrei
sind hochzeiten schlachtfeste
sitz ich auf dem oberboden
schluck rotz und wasser
und falte mir linkisch
segel zur welt

Kerstin Hensel

Vita

Wem dient ich? dient ich nicht
Dem eignen Schwein.
Wem sagt ich (halbwegs züngelnd) was
Allein zu sagen mir den Kopf bedrohlich knicken
Ließ? und alles bog man

Ab zum Nicken!
Nach Maulschelln heischt ich, da mich
Dieses rühmte, doch bläht sich mir das
Haupt vom Streicheln.
Das Speicheln hinter mir, vor mir das Schmeicheln.
Ich bin zerschlagen, vor ich schlage: was
Mich trifft.
Seh ich mich an und weiß: ich fresse Gift –
Es schluckt das Ekle mich, weil ich
Es bin. So häng ich
An dem alten
Simplen Sehnen: sein was
Nicht anficht – und erwach:
Zu viele Höfe waren für mich lohnend
Der ich, im Hinterhofe wohnend,
Doch nur das Saure, nicht die Sau rausließ.
Ist was vorbei? Bin ich
Der Mächtgen Konterfei
Des Machtlosen nun frei?

Werner Söllner

Siebenbürgisches Dorf

Abends vorm Hoftor
die dunklen Gestalten der Männer
rauhe Wörter im Hals.

Kein Kraut ist gewachsen
gegen die Nacht, das Vieh
bringt sie heim von der Weide und
geht zu den salzigen Steinen
am Trog.

Die verrückte Zoor kommt aus dem Stall
und sagt, wenn die Büffel trauern, weil sie
so schwarz sind, weinen sie Milch.

Beim Gevatter im Garten

trifft sich der Herr Parteisekretär
heimlich mit dem Herrn Pfarrer
und bittet um himmlischen Beistand, nämlich
es ziehen Donner und Blitz heran
aus der Stadt.

So viel Lärm in der Welt, sagt
er, nur sich selber verschweigt man.
Und er verbrennt sich die Finger
am Zeitungspapier, in welches er
Tabak gewickelt.

Marian Nakitsch

Der vertriebene Kroate

Er wohnt im Schatten
eines fremden Hauses, geschlagen
ans Rote Kreuz und
selbstbeweint.

Sein Obstbaum steht
auf verlorenem Posten;
sein Vieh starb
den Soldatentod.

Im Haus des Kroaten wohnt der Serbe,
der spielt mit den Schlangen.

Eines Tages

Elisabeth Borchers

Eines Tages

Eines Tages stand ich am Ufer des Mississippi.
(Keine Erzählung.)
Das Hochwasser führte in dem ihm eigenen beschleunigten Fließen
mit sich 1 gedunsene Kuh 1 gedunsenes Schwein
1 gedunsenen Baum 1 gedunsenen Strauch.
Nicht aber den Dampfer mit Rad.

Als ich mich unbeobachtet sah
tauchte ich eine Hand in das Kadaverwasser
meiner Kindheit.
Das ist keine Erzählung.
Das ist der Augenblick.

Walter Höllerer

Wasserscheide

Wir gingen den Bach entlang
auf einer sandigen Straße.
»Schwarzes Meer« hörte ich und
»Atlantik« hörte ich, und sah
        wie die Schäfchen sich verzogen
        in eine diesige Ferne.

Leute kamen uns entgegen,
im Sonntagsstaat.
Einer zeigte zum Himmel.
Stadteinwärts zu kommen
beeilten sie sich.

Es drehte sich der Staub
        auf der Straße.
    Die ockerfarbene Windhose
        drehte sich.

31

Als ich die Augen schloß, sah ich,
damals zum ersten Mal,
die opalen sich drehenden,
winzig geränderten
Schäfchenwolken.

Christoph Meckel

Engelsbrücke

Der Engel ging über die Brücke, er war allein
(und war der letzte, nichts folgte ihm)
langsam, leer, der Holzboden dröhnte
von Knochen & Krallen, die Nägel rutschten
aus weichen Brettern, faulen Balken. Ich zählte
die Einschußlöcher und kam auf dreizehn mal sieben.
Hals & Kopf aus Kupfer, oxydiert
in Regenzeiten, Gewittern, Wintern,
vornüber hängend, erinnerte mich
an altes Pferd, das schweren Wagen zieht.
Arme hängend wie - mir fiel kein Vergleich ein.
Reste der Flügel, Federn in der Tasche.
Kniescheiben locker, er lief in Trance & Taumel
hinaus in die Luft, wo Lichtentfernungen später
die Brücke abbricht, und was ein Engel ist
der stürzt durch leere Räume und verglüht.
Sturm raste durch den zerfetzten Windsack
den ein Witzbold da oben befestigt hatte,
prallte gegen den Engel, schüttelte ihn,
und er wusste wieder, er war der letzte
in diesem Ausgang des Universums,
von allen Wesen verlassen, ich dachte an -
mir fiel kein Vergleich ein. Der da oben
erinnerte sich an nichts, der hatte sich selbst
seine Rolle aus dem Gedächtnis verloren.
Und fegt ihn der Sturm von der Brücke, bleibt ihm
der Rest erspart. Ihn fegt kein Sturm von der Brücke
und erspart den Rest. Nichts erspart ihm den Rest
bis der Stoff verbraucht ist.

Sarah Kirsch

Nothelfer im Gebirge

Mein weißer Bruder sollte zu unserer Rettung
Schiffen aufm Emigrant-Pass die Berge
Rissen sich das Herz aus dem Leib die Sonne
Machte einen Flammenabschied als wär es für
Immer. Und als unser gemieteter pinkfarbener
Vollklimatisierter Ford-Mustang nun stillstand
Quoll Nebel ein verkochter Yellowstone-Fluß
Unhaltbar vor aus dem Kühler wir fluchten
Doch wie vor zweihundert Jahren
Lag ein wassergefülltes Faß in den Felsen
Es fehlten nur noch Schraubenschlüssel und Zangen
Die Sonne sank pausenlos blaue Schatten
Flügelschläge flatternder Geister aus
Fremden Jagdgefilden wehten uns an
Ich pflanzte tatsächlich ne Eichel Megwomet
Den Spender des Lichtes der Pflanzen
Milder zu stimmen so nahte nach langer Zeit
Ein ausladend schaukelndes Reisehaus
Mit einer Nummer aus Texas drei Generationen
Hilfreicher Hände und Werkzeug in Hülle und
Fülle wir tranken zusammen gut eine Stunde
Flaschen aus die wir für Kühlwasser brauchten
Das Abendrot war verblaßt es kreisten die Geier
Bis unser Auto sich wieder bewegte.
Wir winkten heftig die weiße Wolke
Verschwand in höllischer Finsternis sie hatten
Unseren Weg vor sich wir ihren.

Jürgen Becker

Oderbruch

Die Kamera kaputt? Eine Kälte ist das, und
Krähen, größer als Krähen gewöhnlich sind, streichen
vereinzelt, flach drüben über die Felder.

Nichts drüben. Dämmerung. Gelb graue Dämmerung
breitet sich aus. Ein Baum in Polen ist
drüben der kahle verlorene Baum.

Leuchtend und leer fährt ein Bus übern Damm.
Am Ufer zwei Männer, mit dem Rücken
zum Damm, der weder anfängt noch aufhört.

Du hörst nichts. Du hörst das Geschiebe
der Schollen, der kreisenden Schollen. Du hörst
es lange noch, später, im Dunkel das treibende Eis.

Kaputt die Kamera, oder warum sind jetzt die Bilder
verwischt? Zwei Männer standen am Ufer. Sie
kamen zurück. Sie könnten erzählen.

Henning Ziebritzki

Abschied

Anstatt zum Telefon zu gehen,
nahm ich den gewohnten Spazierweg,
einmal ums Karree.

Die Gaslaternen sprangen an.
Der Bus, der mir langsam entgegenkam,
zog einen Tunnel durch die Luft.

In den Baumkronen klatschten
unsichtbare Vögel mit den Flügeln,
ein Sprühregen leichter Fragen.

Polnisch sprechend überholten mich
eine Frau, in Rot, und ein schwarzhaariger
Engel, der zurückblickte.

Ich befühlte am Kopf die Feuchtigkeit,
das Muster des berstenden
Asphalts verschwand mit dem Tag.

Im dunklen Eingang der Fremde:
Er reichte mir die Hand, verwundert,
und ich griff in seine lose Haut.

Jan Koneffke

Gelber Magnet

Niemals mehr schlafe ich ein unterm gelben Magneten
der zieht Kanaldeckel an Polizisten
sind ihm verfallen ich sah
an jedem Laternenpfahl einen
mit Handschellen festgemacht
damit sie nicht rückfällig werden
Autos klauen Bomben legen, und ich
bin ein doppelt beschuhter Gedanke geworden
mein Pyjama dreht Nachtrunden pausenlos
während ich Daseinsbeweise erfinde
ohne Glück ich gestehe es ein
denn wenn wir beim Stadtparkpissoir
dem Kreis Spiritisten erscheinen
jubeln sie: Geisterkontakt!

Marcel Beyer

Gewölle, Stubenton

Das war nur Angestochenes, Licht, das gibt
Gewölle, gibt nur einen Katzenbalg am
Straßenrand. Das schmeckte nur nach Nacht,
nach Augen, aufgeblitzt, das gibt nur Badestunde,
Trauerweiden, Moosbehang. Der Unbekannte
nannte mich: du sprichst zu schnell, und hinter
uns, im roten Schein der Heckleuchten liegt
nichts. Nichts Aufgeworfenes, kein Augenpaar
und kein Gewölle. Ich kannte jenen Unbekannten
nicht, im Stubenton, er nennt mich: Atemfehler,
mit Sonnenblumen und mit Schonern auf

dem Polster. Nur Abgestorbenes, die Luft,
der Weizen stand, die Finger schmerzen, nichts
hat geknackt, nichts blutet und nichts brennt.
Das war nur offener Landstrich, Unterwäsche,
auf trockenem Gras, auf Hagebutten gibt das
nur ein beschienenes und ein veratmetes Gesicht.

Uwe Kolbe

Sommerzeichen, andere Seite

Fünf Uhr wach, und gerade im Traum
nichts gefaßt, der wie Prügel.
Schlamm grub ich, untaugliches Instrument
die halbe Schaufel, schwer wie von Mörtel von Schlamm.
Menschenschlamm, das Berliner Haus,
eine Aufgabe, nicht genug Zeit.
Das bin ich nicht – im Fenster 'n Stern –
wäre lieber –.
Wach, stürzt es her: Rotz aus dumpfem gewundenen Innern.
Schlammkopf.

Brigitte Oleschinski

Die siebte Plage

fraß eine Schneise durch die Stadt, planierte Straßen, Pflaster, Gärten
zu graugrünem Knirschen, harkte es

mit scharf geknickten Beinen. Zwischen Beifuß und Mittag siedet der Sand
auf dem Platz, Reste von Schuppen, ratzekahl, kaninchenstill.
Ich fand darin noch

die ausgeweidete Blindschleichenhülle. Im Schutt zirpt
ein einzelner Rcibclaut, er zirpt und zirpt

seinen Namen

Friederike Mayröcker

es repetiert unentwegt,

für Bodo Hell

ich habe gesehen gelb und orange: 2 Morgenröcke hinter den
    Büschen (Büchern)
den aufgeknäulten Kopf meiner Mutter greise
Tropen und Meerestränen
ich habe gesehen die ALMLUNGE: Distel am Straßenrand
den anachronistischen Tintenbrief
habe gehört das Rauschen und Wehen der Taufpalme
wo.. die Kolibris usw.
ich habe gehört den holländischen Lärm der Fluchorgien:
Meuterei auf den Knien
ich habe ins Feuer gegriffen in einem Traum ohne Schmerz zu
    empfinden
1 Schmetterling schnellte nein kurvte mit abfallenden Schultern um
    1 Hausecke
meine Mutter und ihre Schwester *körperlich immer Fahrrad gefahren*
oder gegen Mitternacht dunkler Jüngling ich bin nicht sicher so
neigungsvoll

Peter Waterhouse

Brand in der Puppenfabrik in Bangkok
Tote und Tote (11. 5. 1993)

Nachrichten und Rauch
die sogleich vergessen sind
wenn einer nicht hat ein Wort wie:
Pupille

Pupille ist ein gutes Wort
gut für Puppenbrände
und die Färbungen der Wiese

Dein Auge. Du, du und du.
Gefleckt.

Ein Fleck Lilien bei Kostanjevica
Ein Puppenfleck.
Da ich die Blumen betrachtet habe
brannte die Fabrik.

Kastanienbaum, bist du auch eine Puppe?

Das Reh schaute uns lange lange lange an.

Lange Zweige des Haselstrauchs
und welche Lichtnelken stehen am fernen Stadtrand?

Du mußt eine Kirche bauen für deine Gedanken
einen Dom einen Bahnhof eine Bocciahalle

Tote und Tote
und in der Hand des Spielers: Bocciakugeln
und um ihn Weinfelder oder zitterndes Gras
und ein Haus mit großem Zimmer
und eine Unterbrechung durch die Ankunft einer zweiten Person

Bahnhof oder Bocciahalle
oder Aufbahrung
Der Mann steht da
und er hat Habitus

In Temnica
die Toten aus Siam
aufgebahrt
unsichtbar

Der Fleck in deinem Auge ist ein siamesisches Rot

Johann Lippet

Ergründen II

und man wird es bumsen hören
wenn ich als Bloch aufschlage
am Rande der Ebene bei Hegyeshálom

ich werde sehen wie die Ebene auf mich zukommt
und ich in sie hinein gehe
Begierde nicht nur im Blick
oder als Ulmer Schachtel auf der Donau
im Bedarfsfall die Segel setzen
hoffentlich befeuern sie die seichten Stellen
ob ich wohl das Sprachgewirr noch verstehe
oder als Bettler einfach den Weg beschreiten
mir durch die Brennesseln die Bresche schlagen
betrüblich am Bettelstab gehen mit diesem Gedicht
um sagen zu können ich war bewehrt
und habe mir keinen Türken gebaut

Lutz Seiler

fin de siècle

ich ging im schnee mit den nervösen
nachkriegs peitschen lampen im genick
über die wiener mozart brücke dort
hockte noch an einem strick ein müder
      irish setter er

war tot und wartete auf mich das
heißt ich band den strick
vom sockel des geländers und begann
das tier ein wenig hin & her
zu schwenken *haut & knochenleichtes*
glocken läuten schnee gestöber
      setzte ein ich sang

ein kleines lied über die donau hin
& z'rück (ich war ein kind) der tote
setter kreiste jetzt an meinem
rechten arm über die schöne
balustrade er rotierte
leicht & groß in das nervöse
nachkriegs lampen licht ein riß
am hals vertiefte sich ein pfeifen

kam ingang und seine steifen
augen schalen klappten
müde auf & zu: du

hättest die mechanik dieses blicks geliebt
und wärst noch einsamer gewesen
über dem schnee, der brücke & dem alten lied

Heiner Müller

Traumwald

Heut nacht durchschritt ich einen Wald im Traum
Er war voll Grauen Nach dem Alphabet
Mit leeren Augen die kein Blick versteht
Standen die Tiere zwischen Baum und Baum
Vom Frost in Stein gehaun Aus dem Spalier
Der Fichten mir entgegen durch den Schnee
Trat klirrend träum ich seh ich was ich seh
Ein Kind in Rüstung Harnisch und Visier
Im Arm die Lanze Deren Spitze blinkt
Im Fichtendunkel das die Sonne trinkt
Die letzte Tagesspur ein goldner Strich
Hinter dem Traumwald der zum Sterben winkt
Und in dem Lidschlag zwischen Stoß und Stich
Sah mein Gesicht mich an: Das Kind war ich.

Brigitte Oleschinski

Angefrorener Tang

auf dem Strand, und oben entlang die dämmrige Fischgrätpromenade, die starren
sturen Lampenkellen, die Stunden um Stunden vorangestapften Gummi-

stiefel, wie sie jäh aus dem Hang ragen, rostige Knöchel
im freigelegten Grenzverhau. Der rechte Fuß polnisch, das Haltbarkeitsdatum
fehlt. Der linke

ein Haken, das war mein Kind. Es rannte
im Zickzack, rann

durch den Draht, zehn Zehen sah ich
auf dem Wasser

gehen

Kurt Drawert

Momente

Es war dies
eine andere Zeit,
als der Baum
vor meinem Fenster

sein Laub
wieder verlor,
als die Schrift
schon verpaßt war

und Theorie blieb,
als die Hand
zur Ruhe kam auf kalten,
blauen Steinen und das Ende

ihrer Geschichte berührte.
Es war eine Zeit ohne Alter
und ohne Gespräch
mit den Wänden. Es war

all die Rechtlosigkeit
auf ein Gefühl
in der Stimme, die mir galt,
die zu hören war,

in kurzen Momenten,
am Fenster,
während des schönen,
freien Blicks

auf die Gräber
der andern
wie auf weiße,
frostige Geranien.

Michael Krüger

Ich bin müde

Mein Nachbar gräbt einen Schacht
in die Erde, er hat genug von der Sonne,
vom Regen, von mir. Er baut ein Haus
unter dem Haus, gründet eine Stadt,
sie trägt seinen Namen. Er entwirft
einen Kalender und läßt ihn bewachen
von einem vieräugigen Wurm.
Wurzeln wachsen durch seine Träume,
Schnecken weisen den farblosen Weg.
Er sammelt Wasser im Schädelknochen
einer Amsel, teilt mit den Mäusen.
Wir sehen uns selten.
Manchmal schickt er einen Raben
nach oben, der klopft an mein Fenster,
eine blutige Botschaft im Schnabel.
Brennesseln wachsen zwischen den Zeilen,
die mich zu Tränen reizen.
Bevor ich es vergesse, lese ich,
und bin schon eingeschlafen. Keine Zeit
für Erklärungen.

Tom Pohlmann

Meskalin

Was mich betrifft, so lese ich
nur noch Gedichte. Dieses Rumpeln
ständig absaufender Fässer, im Obergeschoß
eines Hauses, das sich immerzu dreht
gegen abend, um seine zwölf Achsen:
draußen die Wagenspuren
im Schlamm, später ein abschüssiges Kiesgelände-
selbst die Apfelblüte wird von Schrotflinten bewacht-
das ist doch ganz was Handfestes.
Die Sektgläser sind eingepackt in Holzwolle
und stehen in der Kirche. Auf dem Fahrrad
der Pfarrer fährt zum Begräbnis vorüber.
Die Gesellschaft ist in Hochstimmung.
Uhren, die seismographisch ausschlagen
mit mindestens drei Nadeln, die zurückkommen
aus ihrer Zukunft, um den Schatten
nachzulaufen, ihren räumlichen Gefährten
die sich ihrerseits dem Sonnenaufgang
nähern, mit dem Rücken zuerst, um das Böse
zu füttern, bis es ganz leer ist. Diese Gebilde
mit einer Krawatte um den Hals, die jederzeit
ruckartig zugezogen werden kann,
bis sie so schön blau
angelaufen sind.

Paulus Böhmer

Aus: Only Rock 'n' Roll

In der Hand hielt ich drei
Policen. Ich sah
im Ausguß ein paar
Haare ganz nah.

Ganz nah ein Kamm,
ein Tuch, ein Schwamm.
Im Eisschrank Lamm
von Tengelmann.

Auf dem Tisch die Post
mit dem Wiedehopf.
Daneben fünf Mark.
Ein Manschettenknopf.

In the days before rock 'n' roll, im Meer:
Aus der Zeitachse fällt alles Fleisch, verquer,
fällt vorwärts, vorbei an der Achse, fällt
rückwärts ins Broca, Wasser enthält
keine Zeit. Wasser
klebt in Hose, in Rock,
am Eingang der Scheide, im Darm, im Dock
der Organe, in Telegrammen, im Geld,
in Kilometern von Roggenfeld.
Planeten stürzen, von Gas und Staub
gebremst, ins Zentrum, von den Bäumen das Laub
wird zu Fallaub, das Knochengestell
wird zu Schiefer & Öl,
wird dunkel, wird hell,
wächst zu Nugen und Fängen,
zum Highnoon des Sekrets,
in den Farben von Sandstein, Himbeere, Aids.
Wellen, anlaufend, ablaufend,
laut, werden zu Fleisch, unter der Haut
wachsen Pflanzen, Bakterien, Säuren, Sand, Werk-
stätten wuchern im brachen Land, Epi-
phanien, gesäumt am Rand
von Kränen, Containern, Niemandsland,
fallen lautlos vom Himmel, schwarz
steht der Wald, schwarz
ist die Pampe am Wolgastrand.
Schwarz ist die Scheiße, der Sklavenreflex,
schwarz dein Gewächs, schwarz die Farbe des Specks.
An der Zeitachse rutschen
die Furien herab, lutschen

und lecken die Nässe im Grab.
Profanes Fleisch verrottet noch
in Senken, Tränken, in Löchern, im Loch
der Mutter, im Ziel
der Kloaken: im Moloch.

In der Hand hielt ich drei
Policen. Ich sah
im Ausguß ein paar
Haare ganz nah.

(...)

Steffen Jacobs

Die Post kommt

Die Post ist da, wie schön.
Sie kommt so uniform
und wurde doch geschieden
nach Größe und Gewicht.
Nach Inhalt aber nicht.

Da ist die Post, na schön.
Man hat an dich gedacht,
auch haben manche nachgedacht
und erst danach geschrieben.
Bei andern ist das unterblieben.

So ist die Post, sie kommt
ganz ohne Sinn und Kutsche aus.
Sie geht aus Händen auf dich nieder,
auf Händen geht sie alsbald wieder.
Du trägst die Kunde froh hinaus:

Es geht schon auf elf Uhr.
Da kommt, wie schön, die Müllabfuhr.

Jörg Burkhard

herrchen gesucht

auf der mauer saß ein hund glatthäutig und
braun schaute er aufs meer hinaus dort war
herrchen geblieben frauchen kam aus der kate als
ich mich zum hund stellte und ihn anfaßte
legte er die pfoten auf meine schulter und
stellte sich hoch so war der hund einen kopf
größer als ich schauten wir aufs meer hinaus als
ich nach drei jahren wiederkam war niemand mehr
da im zerparkten areal stand ein wohnmobil

Horst Samson

Berliner Nocturne

Steffi Graf lag abends
Hinten. Schläger, Mauerblümchen,

Pershings und die Thatcher rechts
Im Norden. Die Zeiten faszinierten
Noch im Traum, laberten über

Den Sirius, die E-Literatur. Ein Kalb

Trat hart dagegen, Schlaf
Zersprang unter den Linden. Seit dem Dilurium regiert
unverdrossen die Trikolore

Katz im Mondschein
Das knarrende Ehebett zu Berlin.

Heinz Czechowski

ES IST EIN TOD, DER ABSCHIED HEISST,
Nicht nur vom Nebel der gelebten Jahre.
Von alten Fotos
Sehn dich die Freunde an, die Fraun, die Kinder.
Herbstliche Szenen,
Durchgespielt
Auf einem Dorfanger nahe bei Dresden: Kastanien
Im Pfarrgarten, der Abschiedsbrief
Des Pastors im Schaukasten der Gemeinde. Dekorative
Schreie. Wildgänse. Frauenteich. Dardanellen. Dorthin,
Wo du dich einmal
Glücklich wähntest,
Gibt es keine Rückkehr.
Ein Herbsttag in Plovdiv: Donka,
Im Schatten der Moschee, ihr nackter Hintern
Leuchtend, ein Halbmond. Jetzt,
Mit den Judenkirschen vor mir auf dem Tisch,
Begreif ich: Unwiederholbar
Ist jede Wiederholung.
Greif mir noch einmal
Zwischen die Beine, jetzt,
Wo ich alt werde und
Begreife, daß auch das Gestorbene
In uns lebt.

Jürgen Theobaldy

In meinen Stunden

Die schwarzen Bleche für die Kerzen,
die Kassen mit dem schmalen Spalt:
leer allesamt, bis auf die Tropfen Wachs,
die irgendwann nicht weiterflossen.

Die bleiernen Monstranzen oder was,
da, hinter eingefaßten Scheiben,
verdämmern mit dem Opferdunst,
die Flügel klemmen all der Engel

und der Türen, die seit Jahr und Tag
kaum mehr bewegt, verzogen sind.
Kein Markt am Sonntag. Nix neue Hosen!
Ich pfeife Agnus Dei, dann ein Weißwein.

Das Radio in der Bar verstärkt den Lärm,
in den ich trete, mit entgegen,
im Spiegel doppelt schwach die Leuchten.
Mir scheint das Licht noch hell genug

zum Schreiben! Der nächste braucht's
für seinen Fausthieb auf den Hut der Menge.
Ich wollte nie bloß Sprachrohr sein,
gespielt von meinen dunklen Melodien.

Rainer Malkowski

Nur einmal

Falls jemals in meiner Nähe
eine Nachtigall sang,
habe ich es nicht bemerkt.

Die Wanderung des Sandes
in der Wüste
sah ich nie.

Ich bin Vegetarier,
ernähre mich
von Lesefrüchten.

Nur einmal zog ich einer Toten

das Laken vom Gesicht.

Da war ich
auf der Höhe des Lebens.

Róža Domašcyna

Ich habe unter dem kies gelegen

...njemdrje do kašća dumpam,
mortwoh k žiwjenju wolam...
Jurij Chěžka

zugeschippt
von innen gegen die holzkiste geklopft
und die verschläge haben leis geklirrt
die hämmerzeichen
mit denen särge zugenagelt werden
sind mir noch in den ohren geklungen
bis sie sich überwarfen
und es ruhig wurde
bis die decke nachgab
zentimeterweise
wo oben ein holz aufgestellt ist
mit einem namen
und einem schönen goldenen korpus
der figur eines kaum bedeckten mannes
oder der einer frau
gehüllt in tücher und verbogen in demut
den ritualen gesten
die ich nachahmte war ich ein kind
und gegen den stoß gestriegelt
lagen im zwist die erzeuger
fraglos in wort und sitte
sprossen fingerzeige beim gang durch die orte
war jeder fleck meiner kindshaut
vom laster besprungen
wie sie sagten sowieso
war ich dem fegefeuer
sein futter

Ralf Thenior

Der Tag, an dem Lady Di starb

Frank O'Hara hat ein Gedicht über den Tod
von Billy Holiday geschrieben: *The Day
Lady died,* ich kann mich an den Tag
erinnern, an dem Lady Di starb.

Es war der Grappa gewesen, den wir,
darüber waren wir uns im Nachhinein einig,
Samstag Nacht noch in den Rotwein und das Bier
geschüttet hatten, nach einem Spaziergang
über die nächtlichen Brücken von Moabit,
vorbei am Moabiter Gerichtsgebäude, das
in den dreißiger Jahren bis aufs Erkerchen
genau von den Japanern in Tokyo nachgebaut
worden war, weil sie auch mal ein richtiges
Gerichtsgebäude haben wollten; und am nächsten
Morgen holte Mathias sich den Eimer neben sein
Bett, der Notarzt mußte kommen und verpaßte ihm
eine Spritze, während ich im Sessel hing, mit
bleierner Schwere in den Gliedern, einem Zentner
Briketts auf der Brust vom Rauchen, und lust-
los in einer Broschüre über das »Festival des
phantastischen Films« splatterte, die Spritze
wirkte nicht, schleppte mich allein zum »Inder«,
der Teller vollgepampt, konnte nichts runter-
kriegen, Mathias kotzte inzwischen Galle, die
Nachbarin brachte ein homöopathisches Mittel,
schließlich hatte Mathias wieder Kraft genug, den
Fernseher anzuschalten, blieben in der Mitte von
»Benni und Joon« hängen, einer milden Komödie,
die Balsam auf unsere Leiden träufte, dann war
der Film zu Ende und wir trauten unseren Ohren
nicht: Lady Di war tot, es kam auf allen Kanälen und
hörte nicht auf, Mathias griff wieder zum Eimer.

Dirk von Petersdorff

Dianas Frage

Dem Troß von Astrologen, Hellsehern,
Kartenlesern entkommen, den Stimmen
der Toten, der Konkurrentin
   Camilla Parker-Bowles
entwischt,
   verschlagen
nach Washington,
irgendeine Dachterrasse,
irgendeine Party –
die Prinzessin von Wales,
 von der Rolle,
 leer,
 total ab,
wie einst Valentinus
am kühlen Morgen des Denkens
– Wer waren wir? Was sind wir geworden? Wo
 waren wir? Wohin sind wir
 geworfen? Wohin
 eilen wir…
    jetzt
die Prinzessin
   absolut göttlich!
schwüle Nacht,
Tablettenmond,
ihre jederzeit
kippende Stimme öffnet den Kreis:
 Could you possibly tell me,
   what I can do with
 my bloody life?

Thomas Gruber

das eingewachsene, als jubiläumsausgabe ZAPRUDER FOOT
AGE; ständig
            es abspulen, novemberlicht, so unauf
geklärte kindstage die nicht weichen
wollende super-8-elegie ... wir waren drei »zwischen distel
            & distichon«: dürftiges stoppelfeld, *brüche*
aus denen du *bücher* machst MOORLAND
SCHAFT MAUDACH, hier spielt sich amerika ab, hinterm eigenheim, ab
bezahlt, stok-kender wald, irgendwie projizierte, ins grün
zeug gemengte NOVEMBERREVOLUTION;
                            ein, als waisenknabe, heraus
wachsen aus diesem arbeiterfilm
mit überseeunterton, ständiges ab
spulen, hölderlinferse: *es ist ein fuehler im system,*
folglich rückzug auf die nicht vorgesehene azerolakirsche

Schilf

Dieter M. Gräf

Bastard, daheim. Feld bei Maudach

fliegt ein Fasan auf, gleitet schwer
durch die Luft, die sehr heiß ist;
ich, ein Bastard
                    mit den Lungen voll
Raps, fang an, die Heimat zu lieben:
wahllos. Andächtig gehe ich an
                                        den
Spuren der Traktoren vorbei – –
                                        (ein
Wolkenflocken, der sich langsam in
die Himmelslichtung löst; lautloser
Vogelschwarm, blättert hin
                            unter aufs
brachliegende Feld – –)

Wulf Kirsten

kniestück
            Für Peter Horst Neumann

wie leuchtet die sonne, wie lacht die flur
am flußknie, wo sich das wasser
in die kurve legt, treibholz
und schmückendes beiwerk im wiesengewell.

unter der brückenwölbung schlammbeißer gefangen,
hie prallhang, da sandbank, dazwischen
schlingert und schlängelt das wasser
im ausgewaschenen bett, weidengesäumt.

granitbrüche im tiefsten bienenfrieden,
uferzone mäandrisch gerandet, erlenschatten,
zu überspringen am dorfrand fortfließenden ort,
hic Rhodus, hic salta, elbwärts der flußlauf.

am schulweg eingebaut die herausforderung:
anlauf nehmen und springen übers flußknie,
wir schaufelten staub, wie lacht die flur,
steh auf, erdenwurm, steh auf und wandle.

der sprung über das wasser, schulheimwärts,
nie bestanden die tägliche mutprobe,
eingefrorener augenblick landläufigen lebens,
die entwürfe des jahrgangs gleichlautend verbrieft.

absprungbereit alle, außer einem.
die landschaft steht unverrückt am selben fleck
im wetterwinkel der nachtreter auf leisen sohlen,
einst obstreiche gegend, das zubrot im füllhorn.

an der Silberstraße zwei jungen im schützengraben,
gefallen im letzten rückzugsgefecht, straßenrandgräber,
eines wurde am flußknie geschaufelt, schmucklos
und flüchtig, kein erdhügel blieb, kein kreuz.

jetzt gewerbegebiet, breitflächig ausufernd,
durch den Flachsgrund wälzt sich der landverbrauch,
überbautes gelände, wie leuchtet, wie lacht,
die zeit läßt nicht ab von der flur.

Raoul Schrott

Korollarien IV

*die kiefern aleppos die birken
weißrußlands und die zedern des
libanon*

                    das alphabet
der bäume · soundsoviele blätter
an soundsovielen nachmittagen
sie zählen ein licht nach dem
anderen in den kerben der zweige
der keilschrift der nadeln auf
mergel löß und lehm

*

*die rote thalie die tamarisken des
atlas und die tamarinden beider
indien*

soundso
viele länder die an ihren wurzeln
hängen wie von welchen himmeln
herab und soundsoviele orte auf
der karte eines einzigen blattes an
dem sich der wind wieder einmal zu
schaffen macht

*

*die astgabel der weichseln die
rinde der quitten und schnee auf
den erlen*

und durch das
laub der umweg der drosseln
hinein ins gehölz dort wo sie um
vergorene beeren sich raufen um
dann im sturzflug dennoch
abzusaufen

*

*die eiche dodonas die weiden des
helikon und alle eiben*

der anlaut des
atems auf der zunge der blätter die
über werweißwasnoch sprechen
im vertrauen gesagt aber reden sie
nicht gerade von diesem und
jedem

*

*die tannen im harz die buchen
die buchen wie die federkiele der
fichten*

mit
denen der wind sich ein licht

57

notiert nach dem anderen an
einem nachmittag für soundso
viele länder · dazwischen nur
manchmal ein x für eine amsel
und das ypsilon ihrer spur auf
der scherbe einer sonst so
dunklen erde

*

die kiefern aleppos die birken
weißrußlands und die zedern des
libanon
                    über den
wald halten nur die borkenkäfer
buch · die einzige sprache aber
der die bäume auch mächtig sind
schweigen sie auf einzelne zeilen
von flechten und moos · so
spricht jeder stamm halt nur vom
norden

Adolf Endler

Drei Raumteiler

1

Ein Stücklein Wegwerfnatur, behelfswiesenhaft, der erste der drei;
aus gegerbtem Landbesitz, bitte!

2

In den zweiten wird listig das Lösungswort einbetoniert; ah,
seufzender Faden der Ariadne!

3

Den dritten Raumteiler lassen wir abends in ein breitflächig
gefächertes Gelächter auslaufen; gelt?

Hansjörg Schertenleib

Bein

Metallplatte, der See. Am Abend
vernietet mit Matten und Hängen,
die branden gegen die Stadt an.
Dort sind sie, die meisten.
Hier verbrennen alte Männer
ihren Bettel in Gärten, tuchgross.
Dann fällt der Kirchturm um.
Dann fällt das Schulhaus um.
Dann steh ich endlich auf. Gross
wie ein Einbaum die Zigarette
am Sims des Fensters zum Wasser.
Schieferplatte, der Himmel. Nun
vernietet mit der Kante der Stirn,
die brandet gegen den Wald an.
Dort sind Wurzeln wie Gebein.

Christian Lehnert

Aus: Der Augen Aufgang

Ein Erinnerer läuft, gepanzert, eine Kugel schiebend,
über runde, krustige Felsen: niemand sonst ließ eine

solche Blutspur auf der Küste zurück. Wie von selbst
schlossen sich die Augen, unfähig, die Sonne zu sehen,

ohne selbst sich mit Licht zu füllen. Quallen am roten
Lidrand des Meeres, von ihr im Aufgang erschaffen. Du

bist morgens hervorgekrochen, mit ersten Lungensäcken
ans Trockene: kein Regenbogen, kein Nebel bot sich dir

dar, nur heißer Föhn, bis du am Abend aufrecht standest,
horchend riesigen Bränden nach, Explosionen und ihren

Echos, die tagelang blieben, wie im Gehirn das Bild
eines Käfers, der seinen Kot über den Himmel schob.

Wulf Kirsten

vor der haustür

manchmal morgens,
wenn ich vor die haustür trete,
den stadtrand noch stille anwandelt
für einen atemzug,
umfängt mich herzbeklemmend die fremde.
nichts kommt auf mich zu.
nichts werd ich kommen lassen
auf diesen abgetretnen gehwegplatten.

mein weltvertrauen setzt
auf jede postwurfsendung,
auf knüllpapier im schnittgerinne,
auf pflichtbewußtes anstandsgrün,
gezargt in kümmerwuchsrabatten.
eine fremde, kehlumspannend,
zaunentlang und mauerhin.
ein fremdling bin ich
mir selbst, landlos,
dorfverloren, ausgesandt,
das leben zu bestehn
am hauseck, an das die hunde pissen.

Franz Josef Czernin

passage 1

wie dieses tiefe, stille wasser sich
in hoher ferne brechend überschlägt
als ein flüchtiges gewölk,
bereitet sich der sturm
in einem auge, einem glas,
um zuletzt aus jedem mund zu pfeifen:

wie nebelhaft ist solcher dunst und blau!
– in diesem letzten loch von einem ding
spiegelt blind und taub sich,
was das ohr, was die trommel
aus den fernen, hellen muscheln schöpft,
dass so offen jetzt dafür
etwas hält das nahe maul.

ein wie ausgeschenkt, voll bis zum rand!
– wie diese laute, hohe woge sich
in nächster nähe übersetzt,
um als ein land so fest und licht
ganz mir in solcher luft zu liegen,
doch als diese fremde, stumme zunge
in die weite mündend auch.

Franz Josef Czernin

(erde, sonett)

da boden doppelt, so aufwühlend, zu mir fällt,
es stampft aus spreu und staub sich, lärm und all dem kot;
zusammen stoppelnd, stotternd sich, heraus dies stellt,
dass das, was wüst gesät, sich aufgeht, all dies schrot

in körnern, wahr an uns; dran sich es, wörtlich, hält,
da ich es mahle aus, so fruchtbar aus der not
beleibt, wie es uns schmerzlich fasst; wir sind gepellt
aus jeder schale frisch jetzt, neu, einander brot,

dies da mit teilend: kern gepflanzt, auch fort, gemessen
uns dergestalt wird zu, in jedem zeug bedingt
mit haar und haut, auskostend bitter, süss, wir fressen

uns auf, ganz sachlich: wie da an sich erde bringt,
hier jeden fussbreit mich, wir sind, von uns besessen,
im letzten krümel noch, was durch sich selber dringt?

Marcel Beyer

Schilf

Schilf steht auch über Land, steht
in der Schwebe. still. Schilf steht,
ich höre nichts, im Licht, du siehst
noch Schachtelhalm, und Flechtwerk,
linkerhand, und Tracht. Die Fragen
klingen nach im Schilf, die Wolken
oben, das Gesicht, das Atmen wird
noch in die Rede eingewoben. Doch
wie es um das Schilf steht, wie um
das Gewebe, ungewiß. Der Staub,
der Qualm, das Schilf neigt sich,
du sprichst, reicht weit bis in den
brennenden April, ich sehe nichts.

Reiner Kunze

lied

Als bete der bach in den wiesen,
so viele buchten hat er ausgekniet

Das jahr ist abgeblüht

Am pappelwehr staut sich der wind

Christian Lehnert

Aus: befunde

für die dauer eines blickes nach oben, leichter als
wind zu sein, blinkten höhenruder, waren feinste
wattespuren wie nadeln an der naht von dampf und
eis durch die atmosphäre gezogen, doch schon als kind
lernte man lesen: flieger, im inneren die spritzen gegen
cholera und minen in der form von kugelschreibern,
passagiere, deren exkremente wie gestein in die luft-
löcher fallen, tanks, doch die linie des horizonts war
ein paar grad dunkler und der tierkreis, vom ende her
gedacht, eine nächtliche erfahrung mit leeren stellen,
pigmentresten im videotext, als ein grund verschiedener
neuer fieber: in den träumen lag die erde plattgemacht
wie eine scheibe, schräg, aber die instrumente bestimmten
sehr genau den einstich, keine unruhe, nur ein winziges
loch, da auch ich ganz ohne spuren geblieben war,
im sich auflösenden nebel, unbekannten orts

Peter Waterhouse

Aus: Friuli Friuli

Landstraße
eine Stumme
die mich führt und bringt

Jedes Bäumchen der Wiesen
ist drei Sekunden alt
und jeder Weg darunter

Elternlos
wache ich auf
wache auf: kehre zurück

Oswald Egger

PASTORALE. Fehlchen-blau wieder die gebirgen Meeribischen,
Baale ohn-länd-reede Deckelschnecken, welk-welpe Weller und
Abszissen, Traubnesseln, die zibelen Flachsfinken Stichel- und
Spitznamen zottelkopf Ort für Ahle kos-aufragender Ragen,
cravaten im Halsgrad-Schatten und wie ebenböig tob-loderte
ein Flammenmeer scharlachendes Rot fünfstrahliger Falbala
und siebend~arm ein Meerstern braus~auf von -zingeln und,
moivrieren, trüschroß die rallen, girren, rautschuppen Gräuel,
Balche und Ufer-Levkojen, Blanktonverse (»Blanquerna«) und,
Wunder, die in sich anhalten,

   Wermut *de dés*

   aus dem Landschaft heraus der Halbwürfel, der teilhaften
Inbegriffe und Augen-schau halb~habenden Erdkreise, die zu
schildern Bilder werden, Abblätterungen von der wirklichen Welt,
in ihrer halft-haderen, hellichten Dunkelheit *chiarobscur*

ablegten und an oder legieren deine meiner Augen mit so-
zusagen, strauchelnden, baumelnden Gewesen, welt-etwas ver-
gessen, die Bilder abgenommen, von der Netzhaut abnehmen,
Geschicke, *Trictrac*-

-falch von der Farbe Meeraugen purpur, grünlicht-grau,
Licht-blaue *folie* einander vermehrender Liebfrauen Hibiskus-
blut-Tulpen hybride und Mehlfesseln, Zinseln als eine salfalbe
Bartel, geraumhin verjüngten sich hint~sintern dasselbe und
das gleiche *moiré* und die erzähleben punktlichteren, zusehends

Maraugien im Mondbeeren, weißglut wie Marmara, und nirgend-
wo im Überall ein abermalendes Punktum-runden, Blattschaum
und Nabelkraut, der säumelnde kreis-Kreislauf eingehege und
fortan teilten sich-jetzt Deut von Deut, Nennendungen, Blick-
richt entschnitten und aufs-Augespalt in Erden-den Äther ge-
trennter Worte in Wellen, bruchteilende Perioden und Schlag-
seite Schattierungen *jalousie,* die Brechstrahl-Zahlen und diese
hier, Nausea von Wort-für-Wort ~brüchigen Schiffen, Schneisen
im Eismeer vielleichter, aber-ab ~gebrochener Rede, – des
Meeres und Schollen der Erde, Kontinentale, Orte von Kognition,
und treibflut die Rogeis-Ereignisse über und überschlügen sich-
unter-sich, zügelten Waagehals, und weltgefüge

Bilder, die wie gestochen sind
(…)

Michael Wildenhain

Ringsum hatte es gebrannt
Trotz der Hitze sahn die Hügel
Aus als sei es Herbst geworden

Die vom Brand verdorrten Bäume
Schwankten und das dürre Laub
Raschelte sehr trocken

Und sobald man einen Stumpf
Oder einen Stamm anfaßte
Blieb ein Strich das letzte Grün

Waren Eukalyptustriebe
Die die Bäume wie in Angst
Ausgetrieben hatten

Keine Fliegen keine Vögel
Kein Geräusch nur meine Schritte
Auf dem dunklen Grund des dunklen Waldes

Helga M. Novak

konserviert

dann zog sie im Seidenkleid im extragrünen
durch den Roggen der wie Fegefeuer ihre Achseln streifte
trat auf die Brache und sah eine hasenfüßige Meute
springen und sah dich hinterherhumpeln denn
sie hatte nächtens auf dich gefeuert dein Fernbleiben
dein Meutern deinen Verrat wirst du teuer bezahlen
denn sie wird dich ausstopfen mit Salz und Heu
und in die Ecke stellen seht den Wildbeuter
gezähmt mit gläsernen Augen aus Lapislazuli
und schön trocken
– Schluß mit der ewigen Meuterei –
Umtriebe in Staubfänger verwandelt
die Lappstatt ist offen

derartig hat D. Rache geübt und ist alsbald
von Reue zerfressen weitergezogen in ihrem
Fähnchen einem andern Jäger entgegen

Richard Wagner

Flußlandschaft

Die Luftwurzeln
der Weiden, Steine
im Geäst. Vaters
Geschichten
schimmern
auf dem Grund.

Sabine Techel

Tulpen

    Den aufgeflognen Geiern eben nah sind
Sie fraglos in einem *fort* (oder passierten) übrig
in einer Art (wie schmerzt ein Teil das nicht mehr
Ist: hier lügen die Synapsen). Wie
Sachlich sie gestorben sind

    Sie denn Arme, daß
Sie auf wie nieder fliegen? Sie
Gelb fett geil nordöstlich. Dies
Blind und zahnlos Lachen. Ganz
Maul sie stellen ihr Totengesicht aus.

    Sie haben eben noch gebetet und
Werfen sich jetzt in die Schulter. Die
Augen im Erwachen noch ganz krank vor
Licht. Ihr Honigduft weit
Hergeholt
    Als
Hätt sich eine Haut von ihnen
Abgerollt recken und wiegen
Sie sich nach Bedarf
Täglich ein anderes Tier.

Johann P. Tammen

Das Lichtenbergsche Locken

Waldgroß ein schwarzes Karree   und erd
warm stürzt solcher Regen ins Flutgrün
der Marsch   so nah wie ein zweimal
hundert Jahr alt schweflig heilsam Nacht
gedanke / Es wäre möglich, daß Körper
allmählich erleuchtet würden / krumm
bucklig diese Linie die zur Lippenform
erblüht und Gipfelstürmer fliegen lehrt:
Grün mäntelt grün   und in den Rinnen
dörrer Krumen schleift Wasser hell
den Steinkern   wie ein mündig Balg
die Handschrift alter Mütter   auch macht
zu Tagen die am Finsterkreuz ins Deich
land offener Butzen Schlieren schmieren
den Ton ein magres Engelsrippchen das
ein Leuchten bringt   aufrecht eine Blind
gestalt   doch todfern allem Knallen
Krachen der Vögel auf das karge Feld:
So baumlos unterm schwarzen Himmels
acker   Verlornen Paradieses Kummerzelt.

Der Text des Vogels

Walter Höllerer

Morgens und nachts

Das ist, als ich durchs Fenster sah,
     was ich sehen konnte:
Das Helle, Glänzende vor mir, die Meisen
     an einem Januartag.
 Sie kamen angeflogen, blickten sich um
     mit schnellem Kopfdrehen,
     pickten auf, was sie sahen,
     schwirrten ab und kamen
          wieder.

 So würde es sein: die Zweige bewegen sich
          in der Sonne. Die Vögel
          schwirren. Dort fliegen sie und
               sie kommen wieder.

Doch in der Nacht
     siehst du dich laufen
          beladen mit Namen,
und ahnst noch die Farben
     und willst sie erkennen
 und hörst einen Vogel, eintönig, leise,
     und die Sirenen hörst du, die
          Stadt und die Straße –
und du gedenkst der Gesichter, die neben dir sind,
     und die mit dir waren –
und du gehst und gehst und sagst:
          laß uns sprechen, nicht stumm sein.

Günter Herburger

Botschaft

An einem Sommermorgen
brach ein Wiedehopf,
mein Totemtier,

71

durch die geschlossenen Jalousien
und schoß auf mich zu.

Zum letzten Mal
hatte ich den Vogel
in Pagan,
dem Tal der tausend Tempel gesehen,
vertrocknet in meiner Hand.

Ich stand im Bett
und entwarf einen Brief
über Panik und Schwärze,
die unzertrennlich seien.

Das Tier flatterte durchs Zimmer,
bevor es verschwand
von Wand zu Wand.
Todesangst hatten wir beide nicht,
jedoch Sehnsucht, Wehmut,
die Tropfen um Tropfen
aus uns rannen
und allmählich
wie zu einer Termitenburg wurden,
die bekanntermaßen
kaum zu zerstören ist.

Michael Donhauser

Die Amsel

Sie, die, ihr, Lied und verdreht, singt es in keiner Erwartung
Wenn nicht oder vielleicht in der des Morgens, als weinte das Lied
In Ihrem Lied, das Herz der Nacht und sich aus, oder als gäbe es
Doch und seine Unendlichkeit, wenn sie es weitet, weit aufschlägt
Über dem Platz und über die Dächer, hinüber bis und hin zu dir

Als wärst du und berührbar, von ihrem Lied, oder wie so berührt
Lied du oder du, wo du, die du, wenn du wie und sie es entwirft
Mit und in einem kurzen Zwitschern, zwischen, Zitaten, daß
Bricht sie es ab, ist es noch und dann stumm, als stände und still
Ihr Lied und fragte, wo du und bist, wäre nicht jetzt oder ich und
Ein Rest als du von dir und wie verkündet so verdreht und hier

Thomas Gruber

GERASTERTE AMSEL

der GRACHTVOLLER ANBLICK! angeschwemmte tierfahnder im karierten
        totenhemd,
reinste genetik (»duke-ellington-ringe«), der mitsamt (offenem) LEIERKASTEN
eingravierte ANBLICK EINER AMSEL »wurde nach strich und faden
        durchkämmt«:
das gelände einer amsel auf gratwanderung, befund ›SLUIZEN‹, so ein
amstelartiges schluchzen, das unter die haut geschleust wird & in rhein
metafern mündet, einem langen O MÜHLENTREIBER…FRACHTENTRÄGER!
        unlängst
verblichenen tafelbild »als ich noch pagenkopf war und mit silberbesteck«, ja
        se zier
künstler (»sehn sie den scherenschnitt an, dr. tulp«), diese tomische vier
mal gezeichnete dreckamsel, dies anatomische bild neben legendärer stirn.
ferner firnis, der abplatzt, befund »war die BRETT, SIMULIERBRETT in höhe
der ZUM BEISPIEL schwindelerregenden augen GEKLAMMERTE DROSSEL
        stolziert,
als ZÄSUR, DIESES BILD EINER PROBIERSTUBE IN A. SICH ZU NÄHERN«
ein schluchzen (»in fasen graviert, sehn sie!«) auf
tauchte, namen wie REMBRANDT & RUNENHAFT, fast, die handels
übliche tulpe »TU LIPS«, ja, im LEIERKASTEN schließfach amsterdam

(für uli martens)

73

Elke Erb

Ein gebratenes Reh imaginär

Im Ganzen gebraten,
also war es in einem großen Ofen gewesen,

in einem bauchigen schwarzen Gußeisen-Ofen,
verschlossen das bauchige Ofengesicht (Auguste, Gustav)
mit einer mächtigen Riegel-Braue
so, wie es sich willig doch
eisenschwarz öffnen läßt.

Vollkommen ist das Reh
mit den gestreckten vier Beinen
auf seine linke Seite gelegt.
Oder liegt es gar selbst?

Sein Rücken blickt
zu der ihm parallelen vorderen Tischkante her.

War der Ofen schwarz, ist weiß der Tisch.
War der Ofen rund, ist rank und eben der Tisch.

Und kühl langhin steht der weiße Tisch mit dem Reh.

Die Rehe verjüngen sich
deutlich im letzten Jahrhundert,
siehst du sie in eine zeitliche Reihe gestellt.
Ich hörte so. Du findest sie nicht mehr
            in überlieferter Größe.

Mein »gebratenes Reh imaginär«
ist so groß, wie sie jetzt sind.

Etwas Grünes zum Reh bemerke ich nicht.
Nichts sonst auch. Bis auf die Bestecke.

Es ist vielleicht Nacht
zur Erklärung, warum es so leer ist.

Am Gesichtskreisrand,
in seinen – (vielleicht sonntäglich, oder festlich) Leere einräumend –
die Tafel elliptisch umschließenden Schichten
eines weißen Nichts

stecken Leute, erkennbar als
Schuhe plus Hosenbeine.

Richard Anders

Schnecke

Du drehst den Kopf zurück, bis die Halsmus-
keln schmerzen, und erkennst auf deinem
Rücken das phantastische, an Moscheen und
Zwiebeltürme erinnernde Gehäuse, das dir wie
ein Maßanzug paßt. Es ist linksgewunden, also
kostbar, ein Objekt für Sammler. Diese Ent-
deckung macht dir Angst, vom Fuß Gottes oder
eines seiner Ebenbilder zertreten zu werden.
Ach, wäre dir der Rückblick doch erspart ge-
blieben! Dann hättest du dich weiter für IHN
oder seinesgleichen gehalten. Angstfrei krie-
chend, ein Hieronymus ohne Gehäuse, hättest
du in deinem Kopf auf großem Fuß gelebt.

Hugo Dittberner

Lerchen über uns

Wie Rapsfelder sind wir,
klar umrandet und in Blüte.
Unser Gelb leuchtet wie einmal,
das Grün dunkelt naturschön.

Hier und da unsre Muster
aus Gülle und sprühender Kunst:
Noch gelbere Zungen dann, gelbere
Gelbs, leuchtende Landebahnen.

Gregor Laschen

Rosalka Rother ist auch fort

Im Flug, sehr selbstvergessen und
bewußt drei Reiher überm Rhein, geschlagen
in den Abstand hoffnungslos
einer hinterher –
der Himmel gegen Sieben: klares
Blau mit gut gestreuten Wolken-
bildern drin, darunter Grün
in Grün und später Blau in Blau
und später dann der reine Purpur
sehr gefällig hingelagert, das
Gebirge in sein Alter –
ihre Silhouetten aber, fliegend
sind von sanftem Schwarz, und
ihre konzentrierte Stille jetzt
trägt sie von links nach rechts
aus diesem Bild so fort
in andre Bilder, die von hier
aus nicht zu sehen sind.

Gregor Laschen

Der Text des Vogels

Übern Himmel wie früher immer die ins Weiß ein-
gefrorenen Striche, weit dahinter die Töne.
Die Erde, letzte *Gegend der Geschlagenheit,* blau-

und grauvernähtes Aschebett, aus dem nun
einzeln und manchmal vom Wind gebündelt
die Restfedern aufsteigen, sich sammeln über
der eiligen Verlassenschaft der Füße im Eisen, im
Buch der Lava, ungelesen, Spuren schwimmen vorbei. So
geht Leben. Kommt Treibsand mit den Ölfischen am
Himmel ins Bild, dahinter die Küsten Palästinas.
Afrikas frische Gräber. Auf dem Kopf
stehende Himmel. Sehr einzeln und manchmal
gebündelt die Federn
über der Gegend, eingetauchte Schreibweise,
Wegweiser für diesen alten Blindflug. Der Text des
Vogels ist meinem Text voraus, kleines Stück
nur, paar Augenlängen.

(Auf ein Bild von Stefan Schwerdtfeger)

Raoul Schrott

Physikalische Optik I

er kam aus dem november · der hagel brachte
        ihn herab · all das wasser auf den flügeln
die nähte und die grate einer gußform

        die im regen hing bis der wind ihn kappte
und er dann an die scheibe schlug wie ein bügel
        der aus seinem schloß schnappt · der ahorn

dort und seine äste · so schwarz war er
        eisengrau der bauch · nur ein paar federn
zum schwanz hin heller doch kaum scheinbarer

        als seine schwere so plötzlich am balkon
in die sich die krallen hakten · norwegen
        oder die tundra · kein anderes land dachte

ich mir ließ diese tarnung zu und dem schnabel
nach zu schließen war es wohl ein sperling
augen dunkel wie mangan und ein ring

    ganz weiß und schmal fast wie abgeschabt
von diesem schauen · flüsse im winter wegwärts
    ein erzeinschluß in den pupillen · das herz

ein flacher kiesel unter hagelschloßen
    zurückgelegt in den oktober · aufgehoben
war er leicht und das wort»vogel« eine vokabel

unklarer herkunft und von irgendwo im norden

Richard Leising

Die Krähen

Frühmorgens oft diese schweren Schwärme von Krähen
Von Krähen, schwarz eine jede wie ein Fußballschiedsrichter.
Noch bevor sie über das Haus streichen
Höre ich ihr Anflugsgeschrei aus erheblicher Höhe.
Sie kommen von Südwesten, Moabit, Tiergarten vermute ich
Und nordöstlich gehts fort, zu den Müllkippen im Norden der Stadt
Oder zu ihren prachtvollen Bibliotheken und erleuchteten Museen.
Wer weiß es. Aber der Ornithologe weiß.
Und immer sind einzelne, immer einzelne. Sie fliegen
Über oder unter dem Schwarm, wie seit dem Anfang der Zeiten.

Wie seid ihr so oben! Da ist es doch kalt!
Ich beschließe, euer Geselle zu werden, aber vorher
Brauche ich den besten Wintermantel. Wie ich
Fliegen wolle? höre ich zweifeln. Das lasst meine Sache sein.

Henning Ahrens

Krähe

Kopfloses Wort: *Orrh!* Das Gold
unter Zungen verborgen
verloren am Ort

wo die Sonne sich frostig
in Schädel bohrt – Lichtleib
und Luftleib. Ein Ton

kriecht aus Kehlen fällt
krachend zu Boden. Noch lebt
es sich gut

ohne Grund ohne Griff
ohne Lied hält
die Sichtblende dicht. In der Luft

hängt die Krähe. Hoch oben. Sie kommt
um die Knochen zu richten. Die Haut
wieder über die Rippen zu ziehen.

Rainer René Müller

DA IST ES : zerschlissen, dieses /
...was
zählst du; du / ich:

um vier Uhr früh./Früh wird's
abgeschilpt. Es überdauert
dich,
was vom Grün pfeift, von den
Firsten : Antennen

«Firstendach»: Worten /
tön …, so
oben ein Schönes ist,
ist's Tönen, so.

Haben zu sehen, so
zu hören. So, zu tönen.

Es ist hör'n wie einer/
denkt's: Stille

Anflug

Hans-Ulrich Treichel

Anflug Kiew

Unter mir der Fluß
mit dem rollenden Namen,
er rollte durch meine Kindheit,
entsprang im Mund des Vaters,
der das Schilf schnitt am Ufer,
der den Stör fing, den Lachs,
der den weißen ukrainischen Himmel
mit schwäbischer Gründlichkeit
pflügte, Zäune zog durch die Wildnis,
nach zwei Kriegen noch immer
herumtrug im Mund und unter der
Zunge die Geräusche des Flusses,
der noch immer den Pflug zog
durch Nebel und Sumpf.

Wilhelm Bartsch

Am Ohridsee. Ein Brief

Für Soja Zunowa

Wenn die alten Eichen der Auen schon im Juli ergilben,
stöhnt schön die Feige im Süden mit gebeugtem Knie
und knackt nicht – aber beschließt, Meter für Meter
nach Norden zu wandern den Steinrötelpärchen nach,
den Raben, den Großen Trauermänteln nach, die ihre
samtenen Pontons aus Toten auslegen über die Eisfelder,
Ötzis Eisfelder hinüber nach Norden. Ist es ein Gruß?
Die pommersch – ägyptischen Weisen, die tapferen Störche
wußten einst winters schon sich Wärme zuzufächeln
von gebackenen Schornsteinen – sie sterben auch aus.

Die Unrasierten, schön Wildhaarigen, balbierten mich
in einem der zahllosen Friseurläden, Albaner, rissen
mich hoch an der Nase, gaben mir Sliwowitz ein –
fragten: Für wen bist du, die Slawen, die Flachmützen
oder die Rundfeze, uns. Ich war für den Fisch, ihn zu essen,
den es nur hier gibt, die Ohridforelle. Es marschierte
lauthals eine albanische Beschneidungskapelle vorbei,
und für alle Friedenslüsterne bin ich in Mazedonien.

Jahre brauch ich, Ohridsee, dich in Worten zu finden,
Jahre, in deinen Kapellen gekniet haben zu dürfen,
verstecktestes offnes Geheimnis Europas. Ich habe
unter deinen Daniel – Löwen gesessen, nahezu geheilt.
Niemals löst du den Vierten, nach Erstem und Zweitem,
Balkanischen Krieg aus. Frieden dir liebe Soja
und Schönheit der Pandorabüchse, bleibt sie geschlossen.

Im knallroten lettischen Flugzeug, unglaubliches Mazedonien,
vom Tabakfeld weg, hob ich mich ins Räkeln, fühllos gerade
darüber, wo übers Geländer im Schlendern geschleudert
ein Mensch in diesem Moment abhing wie ein auszutropfendes
Schwein mit fädelndem Blut, über Bosnien, mein Gott -
unter Eichenruinen, siehe Vers eins, im Auwald von Halle-
denk ich an dich- seh ich die Jogger sich keuchen
als jeweils beliebige Menschen auch nur – Gott mit dir....

Marcel Beyer

Kairo

In Kairo, da waren wir völlig
erschossen, sandfarben,
gestockten Gesichts.
Kairo, das fraß uns die Haut,
mit wüsten Gebärden. Beim
Abschied, längst angesteckt. Bei
blauvioletter Beleuchtung, die
Sonne fiel weg. Auf

Kairohockern, Arme in Schlingen,
inmitten des Untergangs gruppiert
als ägyptisches Filmorchester.
Staubzüge, Atem-, die klingen wie
Kairo. Und mancher legt sich,
wie er es gelernt hat, zwei Finger
auf seine offenen Augäpfel. In
Kairo, da hörten wir Maultiere
kauen mitten im Krieg. In
Kairo, da waren wir heiser. In
Kairo, da hatten wir Fieber, doch
stieg die Säule nicht über
das Maß. Am Rand, in
Kairo horcht einer, zum
Abschied, ein Abgeschossener,
horcht in ein vergammeltes
Grammophon. Ich bin das,
heruntergeholten Himmels.

Michael Speier

lisboa, der ibis

pocken, pessoa, ein kratzen, auf
weißgewesnem marmor-kleinpflaster
geschlängel des auges, koksschwarz
der verse juckende haut, auf schiffen
geschleppt, von indien, macao, wochen
bei stockfisch-brettern, lungenvoll rauch
die mole, des vogels, der brandung
inwärtsleben, dies *meer-oder-minder*
verschossener dächer, die vierteltrauer
berußter estraden, largo di carmo
kratzt es im buch, niemand ist etwas.

Ilma Rakusa

Die Farne lappen in den Fluß
der trüb durch Böhmen fließt
das Mückengift verstört
die Hunde mit den langen Zungen
hecheln durch das Gras
ein Wanderer liegt
und aus den Schloten
der Papierfabrik
steigt schnelles Gas

Ilma Rakusa

Lange Zungen lange Wunder
wenn sich der Pfirsich ins Porzellan
frißt und die Milch ihren Teller
leckt und die Nacht krötenweich
übers Land steigt und alles dümpelt
Ich sehe dein helles Gebiß über Alaska
die Hände im Fischschoß die Angel
am Knie und unsern Schneehasen
als Kurier so rasend weiß

Dorothea Grünzweig

Insel Seili

Man brannte ihnen das Mal ein
sie sollten weg
nahm sie fort von ihren Nächsten
fuhr die Tränenblinden durchs
Irrfeld der Schären
mit Planken im Arm
ihre Sargbretter

kamen an
zogen vorbei an der Holzkapelle
wo der Pfarrer
schriftgeladen
ihre unreinen Geister geisseln sollte
am Friedhofshügel
hinüber zu den Krankenhütten mit
ihren Verschlägen genagelt eigens
für sie und
sie begriffen

Hier in den Nachtigallnächten und
hier unterm Eisbeil wo wir mit
hundert Zungen reden
und keiner den anderen versteht
ist unser Zuhaus
wir werden beieinanderhängen und
dreimal täglich in schneidender Stille
mit unserer Verzweiflung den Strandsaum
umkränzen
damit die Hoffnung flög sie je her
uns findet

und müssen unsere Namen wiegen
am Schlafrand sitzend wiegen wiegen
sie kratzten von ihnen unsre Herkunft herunter
nun sind sie Gebein
das bleicht

ach Heimat dich rufen wir an wir flehen
zusammen jeder die seine
laß unser Grab im Gras drüben
ein Nadelöhr sein
laß wenn wir durchgehn
uns Heimat
dich sehn

Sie zogen kreuz und quer über
die Insel mit ihrem Sarghaus
auf dem Rücken

und wenn ihre Zeit abgewetzt war
zerriss und
wenn aus dem Hügel ein Holzkreuz wuchs
zu schmächtig für Sprüche
für Zahlen
krochen sie in ihr Haus hinein
und das Haus kroch dort in die Erde

Dies ist schon lange geschehen und
es heißt daß aus dem toten Winkel wo
sie liegt die Insel einmal
mit ihrer Fracht
(oder ohne falls diese gelöscht sei)
davontreiben würde und
werweisswohin verschwinde

vorläufig aber
unter Linden in deren Windfang
Stimmen zucken und in offene Ohren
einschlagen
ist sie noch hier

Ernest Wichner

DORT IST DER ABEND hatte eine stimme sich vernehmen lassen er
steckt im faß über den mastbäumen wo er gut aufgehoben ist wir aber
stechen mit unserem durst in see   die stimme meiner frau legte
sich über meine stimme und beide ließen ein abschiedswehes *oh der
abend* erklingen während draußen im winde die mastbäume klirrten
und polternd die abendfässer heimwärts rollten

Ernest Wichner

UND WER IN EINEM FASS in die welt hinausgerollt war hatte
vorher sein leben den wissenschaften übereignet kalium natrium und
aluminium wurden überreich aus ihnen an jenes tageslicht

heraufbefördert vor dem sie im alter sich in abgedunkelte stuben
entzogen dämmernd auf den tod hin der als zerschrammte faßdaube
in ihren frühlingsblauen lungenflügeln bebte

Klaus Hensel

Figo Fago in Auschwitz

Für Kasia und Marek.
Für Ademir, Dana und Nuno.
Für Ernest und Nicole.

Mit dir in Auschwitz einen Freund
besuchen. Ins Figo Fago gehen,
der neue Night-Club im alten
Plattenbau. Sozialistisches Gulasch
essen nach ungarischer Art. Egri
Bikavér trinken, den schwarzen

Büffelwein. Mich aus Auschwitz
über den Autoverleiher beschweren:
Try harder. Dem eigenen Dusel zum
Opfer fallen, sieben Sekunden warten,
mich entschuldigen. Falscher Alarm.
Weiterfahren. Nach acht Stunden

mitten in Berlin sein. Ausgerechnet
dort, im Kempinski, Freunde treffen –
aus Sarajevo. Ihre Fragen beantworten,
Fragen wie: Hast du Hunger? Darauf
antworten können: ich denke, ihr in
Sarajevo habt nichts zu essen –

Also, Kitekat einkaufen, den Felix abholen,
Ernesto in der Scharfen Straße besuchen.
Sniperfrei. Seinen französischen Rotwein

trinken und Marc (de Champagne). Und
hoffen, daß man sich dann wiedersieht.
In Auschwitz, in Sarajevo, hier.

Joachim Sartorius

Aus dem Glossar der Prostitution in Algier

Aufrecht im Arian
Bandmaster und Begum
couill'-à-cul
estoc fado
klaren klagenden Kopfes
fissa fissa kouça
Locken aus falschem Jet
mignott' auf 'scheuertem
Linoleum nubile Töchter
des Aurès
Hennahände
um den Knochen rot:
Ouallah Biskra point' buic
Ouled Nail Gide
valseur wellfed
le chien
pesant: rhlass!

Minimalprogramm

Hans Magnus Enzensberger

Minimalprogramm

Verzicht, Entsagung, Askese –
das wäre schon zu hoch gegriffen.

Überwältigend, was alles entbehrlich ist.
Von Sonderangeboten keine Notiz zu nehmen,

reiner Genuß! Nirgends aufzutauchen,
das Meiste zu unterlassen –

Erkenntnisgewinn durch Abwinken.
Nur wer vieles übersieht,

kann manches sehen.
Das Ich: eine Hohlform,

definiert durch das, was es wegläßt.
Was man festhalten kann,

was einen festhält,
das ist das Wenigste.

Elisabeth Borchers

Optische Zivilisation
oder 7 Sonnenstühle von David Hockney

Leer
Alles leer
Die Stühle
Der Platz unterm Schirm
Das große Haus
Das kleine Haus
Die Fenster, die Türen
Die Palmen, die Psalmen

Sand und Strand
Wasser und Wind
Weder Mensch noch Tier

Und alles redet und schweigt
und ruft

Jürgen Becker

Vom Weiterschreiben

Nächste Seite, vielleicht passiert noch etwas
im Birnbaum, und falls er sich meldet, der Interviewer,
ich müßte ihm sagen, zu erwarten wäre jetzt
bald das Geräusch der fallenden Birnen, wie damals
nachts im September.

Nichts Neues im Repertoire? Noch einmal Musik
an Westfälischen Adelshöfen, oder sind es
Romanische Backsteinkirchen im Jerichower Land,
die leeren Flugzeughallen
am Rand der Döberitzer Heide... du entfernst dich

in eine Gegenwart, die woanders ist, und ein Zitat,
zweifelsfrei, ist im Zimmer geblieben... jedenfalls
noch ein Geräusch, wie das
einer gelben Komposition, die mit Stehenbleiben und Schritten
durch den Herbst beginnt.

Oder ganz einfach, du wartest, bis das Schneefeld
vorm Fenster sich auflöst und die Spuren verschwinden, die
zu immer derselben Ausfahrt führen.

Nur taucht ein anderes Bild auf, abends
und unerwartet... eine Vase mit frischen Tulpen
vor der Gardine der Zugfensterscheibe, die vorbeizieht
an Feldern, Baracken und Zäunen, und
das Telefon geht... der Reisebericht; erzähl doch von
Grenzbahnhöfen, Birkenwäldchen, den Misteln.

Zuviele Termine, obschon der Wochenkalender
fast leer ist. Der Lärm geht weiter, nur einmal schreit
der Pfau in der Frühe.

Die Zeilen, die Brüche.
Ein jedes Rinnsal zum Meer unterwegs.
Erst wenn es kalt ist, siehst du den Atem.

Zu früh, um in die Gärten zu gehen; da hilft
auch nicht weiter der Konjunktiv.
Die richtige Reihenfolge kommt von allein, ein Seufzer
vielleicht, der Wetterbericht, es nähert sich
ein vergessener Name… kann sein,
die nächste Seite weiß mehr.

Oskar Pastior

O-Ton »Automne« – Linguistikherbst

O-Ton »Automne« – Linguistikherbst
Stick Harwest / Osenj / Toamna / Stick
Stick Lippstick Nota Bene – heu
was da abwest im Dümpel-Sermon:

Zero-Phonem

Der Kürbis wächst
In Eros-Hemden sensen
Tristia
Trestia
Deltageflecht

Da ist (»Kusnejtschik / Zinziwer«) Synopsis
von Kolchis her ergangen:
Seerosensee / Seerosenbucht
Ost-West-Phantom
Ovids Metamorphosen
am Bösendorfer Luch

Die Semaphoren morsen:
>>noch steht es zahn / um haaresbrei
an topf und hasen / geht es wald
das jahr es jährt / sich horn und hin<<

O Zero Osero – der See
Rien ne va plus – O Zero Stick
O Lambda Entengrütze Haarnest Fälfä
hilf Schilf
heu Schelf
O-Ton
Automne
mir ist rosident phantom
Semiramis / Sorbonne / Sa-Um-Weh

Franz Mon

fastenzeit
oder hunde wollen ewig leben

kein komma
kein kohle
kein sack vor der tür
kein sonst
kein abfuhr
kein kratzer
kein sammelverkehr.
kein mucks nicht
kein milli
kein masterstück
bloß ackerbau viehzucht
dazu ein furunkel am obersten ast.

oder:
ist oder ein hund mehr wert als zwei oder drei
oder wärs wie ein stück von mir oder dir
oder wärs ein gummi auf widerruf.
fett fällt ja nicht unter die räuber
und auch wachs weicht nicht der drohung.

aber.
aber ist oben.
aber obs oben
aber obs oben schön ist.
auf keinen fall aber baden
auf jeden fall aber buckeln
so daß dann doch mein rotkehlchen blühte.

wie wärs in der pfanne?
wie war doch der name?
wärs diesmal doch müllers kuh?
wars aber weder
noch weder nicht doch
am tage drauf: kann kaum
die schuhspitze das lack-
äffchen mich noch mal beuteln.

dein wuschelhaar wächst
über den rand der pfanne.
wie wuchs denn auf der linken backe
die schiefertafel mir bloß über den kopf.
der handteller: riesig längst leergefressen
das fußeisen: fett cholerisch und auf dem einen auge blind.

wo blieb da der humor denn
und wo bloß das aber
das mir mal aus der hand fraß.

am kragen: ein lachfältchen
am ohr: noch ein rest vom strick
in der faust: ein iks oder wachs
oder das hinkel im moment vor der verspeisung.
kein sonst.
kein mucks.
kein milligramm.
nur ob
oder aber
oder ob aber oder aber ob überhaupt.

Ulf Stolterfoht

muttersprache 1968/2:
sterbeverein ernst mach

trug sinn (-gemäß statut: erfahrung zu ersparen)
dem mißverhältnis haut zu markte rechnung
– sprach also zunftversetzt vom beil im haus des
seilers: »hast ausgeholt – nun hacke!«. zu spät:

der flocht nicht mehr – der schlang bereits. und
kam der welt abhanden. sei dann »knüpft an« das
was beschreibung leisten kann? antwort: »laich
wohnt noch im kleinsten teich« zeigt was mit stum-

mel möglich ist. ein freilich leibnizscher verweis.
heute vielleicht: wie man den molch zum abfluß
führt. ganz nebenbei viel pfuhl gespart durch wirt-
schaftliches dichten IST WOHL des forschers vornehm-

stes betreiben die kreterfrage »weltbeladen« zu-
gunsten »sprachdurchtränkt« entschieden. das ganze
sach auf nichts gestellt: wenn wörter was sie selber
körpern doch allenfalls am suffix spüren muß ihr

bezug ein nehmen sein. auf AUF ihr zeichen unver-
zagt: habt abgeschnürt – nun nabelt! kommt jeweils
eine ziehung. sprach ungeschlacht von »in betracht«:
am fremden knoten aus dem nunmehr unersparten sumpf.

Ferdinand Schmatz

Aus. das grosse babel,n / bibel übel I (schöpfung, geteilt)

(…)
zum beispiel: und sieht dass, es, gut ist –

den mund zu sperren, besser auf als zu,
denn das ist sprechen, auch vom menschen,
und, diesen sprechen,

ihn nicht und keines wegs zu brechen,
sondern gleichen lassen, heisst (auch) machen,
wenn möglich: herrschen lassen
über das, was arten fachen,
vorerst wieder fisch und vogel –
demnach vieh,
und noch nicht: sie, die ganze,
aber doch: die erde,
was darüber und darunter kreucht,
auch wenns feucht – noch im mund,
der vor den ohren kund tut
von den herren und damen,
der auf zuruf oder besser: ab ruf schafft,
was später sich was traut und kann,
heissts weder wild noch himmel,
nennt es mann, sagt frau,
bringt ihn, bringt sie ins spiel
mit dem, was aufgescheucht auf festem
oder nassem wege sich begegnet, so:
wie fisch und meer, und nichts weniger
meint als zucht, daraus auch die frucht
– wie gehabt bar jeder furcht (noch),
fruchtbar macht übers jahr,
diese zeit dann ist nicht bruch,
nicht loch, sondern mehr –
der himmel die hülle:
werden auf fülle hin,
rundum die und das,
was erden, also alles, was fall es
– als frucht – hinunter,
– als tier: fisch, vogel – den fallen zu,
dann wendet das lallen übers meer
da, her zur herr –
schafft, sos kreucht, fleucht und kracht:

(...)

es folgt: regen, demnach nässe,
die bäumt alles auf –
seis kraut, seis anderes am feld darauf,
doch zum trinken, gar saufen,

99

da fehlt was:
die kehle, die seele
(das weite land war zwar da,
aber die damen und herren?) –
jetzt gilt es zu leben,
und, wies so steht: aus dem nebel herab
wirds feucht, also wiederum leben, nass –
und so wächst der wuchs heran:

mann und frau, zwei aus einem gebrockt,
klumpen vielleicht, vom klotzen aus erden,
zum protzen darauf: ein gefäss der leib,
eine vase, da rein in die nasenlöcher
geblasen die luft aus nebel und erde,
wendig, einst plumpen, nun lebendig –
seis rede oder seis drum, menschen tun:

-- tun immer herum, die arten,

(...)

Christoph Meckel

Vom fehlenden Wort

Ich suchte die Wörter zusammen, eines fehlte.
Von Geburt zum Abend, vom Tod zum Morgen
war jedes Wort an seiner Stelle
gebraucht und nicht gebraucht, und ein Wort fehlte.

Die Zeit war da und ihr Widerhall in der Materie
der Durst, der Hunger, der Auswurf
Durst, Hunger, Auswurf
gebraucht und nicht gebraucht an ihrer Stelle
die Not, die Notdurft, der Notschrei
Not, Notdurft, Notschrei
verflucht und aufgehoben in meinem Gedächtnis.

Der Stein, das Hagelkorn, die Kirsche
Stein, Hagelkorn, Kirsche
versenkt, versprüht, erblüht an ihrer Stelle
die Sonne, die Luft, das Meer
Luft, Sonne, Meer
gezählt und nicht gezählt in meinem Gedächtnis.

Das Licht, das Atom, die Materie und ihre Namen
die Zeit und ihr Widerhall in meinem Gedächtnis
an der Stelle des Erdballs und seiner Namen
und das Wort, das fehlt
                    treibt ins Wesenlose sein Nichts.

Es kennt seine Leere,
                    verschwindet aus dem Erschaffnen
und Nichterschaffnen, besorgt seinen Abgang
entvölkert mein Alphabet, widerruft die Zeit.
Es verspottet den Atem und die Erlösung
Atem, Erlösung an meiner Stelle
die Genesis, ihren Widerhall in der Materie,
es macht, dass es wegkommt und hinterlässt mir
Nichts und wieder Nichts, abermals Nichts.

Es grub sein Loch, entrückte aus dem Erschaffnen
und Nichterschaffnen, verschlang sein Echo
entleerte mein Alphabet, widerrief die Zeit.
Es verhöhnte den Atem und die Erlösung
Atem, Erlösung an meiner Stelle
die Genesis, ihren Widerhall in der Materie,
es machte, dass es wegkam und hinterliess mir
Nichts und wieder Nichts, abermals Nichts.

Die Toten sind da und ihr Widerhall in den Namen
gezählt und nicht gezählt, in meinem Gedächtnis
der Ruin und sein Abgang, vom Tod zum Morgen
anstelle der Lebewesen und ihrer Stimmen
und das Wort, das fehlt, entrückte aus dem Erschaffnen
und Nichterschaffnen, aus meinem Gedächtnis.

Der Ruin ist da, der Auswurf und seine Namen
das Echo der Genesis in meinem Gedächtnis
die Unendlichkeit und ihr Widerhall in der Notdurft
gezählt und nicht gezählt, von Geburt zum Abend
gebraucht und nicht gebraucht, in meinem Namen
und das Wort, das fehlte, fehlt,

                    und vermehrt sein Nichts.

Michael Buselmeier

LEUCHTENDER PFAD mit den Sohlen
leicht zu ertasten holperig hart
wie Hagelkörner Harnsteine himmelwärts
klirrend im hellen Email...Zum Fluß
unterwegs diese einsamen Köpfe und Herzen
mit schuppigen Bärten über die Flur
sandig im Sonnenlicht meiner frühen
Vision zur Wasserstelle hinab im Wind
vorbei an den Katen der Alten...
Der Meister dort auf dem Waschtisch
der Lehrer im Laken mit nacktem
Oberkörper schorfig geschminkt
starrt er mich an du bist ja
in Worten lebendig sage ich leis
und fasse ihn an die blutende Seite
mit dem heilenden Buch...Wo ist die
Fahne geblieben dein Fell dein Filzstift
Feuer und Schwert die Hymne auf dich
der Grundkurs die andere Wange
Rückstände von Gift in den Gelenken
du siehst wie Che aus Toter
und all die übrigen Wohltäter
der illustrierten Weltgeschichte
gewaschen mit Essig und Öl...Warum
stöhnst du nicht singst du nicht
Lili Marleen auf der leicht nach vorn
geneigten Tischplatte mit der Blutrinne
für das abtropfende Fett der Revolution

Albert Ostermaier

leuchtender pfad

blindgänger bastard komm komm
mit deiner zündschnur dreh die
kugeltrommel dreh sie komm
steck dir den lauf in den
kehlkopfschaft komm drück ab
versuchs noch mal knüpf den
gurt auf lass die hülsen aus
dem streckverband komm drück ab
ätz dir die flügel schöpf dir
den schwefel aus den lungen komm
ich will dass dir die lava
in der galle kocht & du
mit feuersteinen knallst wenn
du kommst komm

Michael Donhauser

Tra le due ville

Daß die Stille sei
Daß in der Stille die Sprache sei
Als Nichtsprechen, als Nochsagen
Als Lob der Stille
Daß im Lob die Tische seien
Die Tischtücher, Tischbeine, der Tischwein
Der Käs in Stücken und noch das Brot
Der Brotkorb als Stillsein, so und daß und
Auch die Fledermäuse seien, die Haken schlagen
In den Himmel steigen, und das Erstlingsgrün
Sei, wenn es scheint an den Bäumen
An ihren Enden und gelobt oder weiß
Daß es und ein Blühen sei, in Wolken sei
In Lichtungen von Blüten und so leicht
So weithin und nahe und im Lampenschein
Und daß das Vordach sei, der Vorplatz sei

So und das Offene gelobt dem Sein
Den Schloten im Tal, den Hallen, Häusern
Den Gästen, die kommen, dem Abend, dem Lied
Dem offenen, der Amsel, die und singe
Die so und sei in ihrem kleinsten, dem Käfig
Wo und auch die Sprache, sie sei, so jetzt
So und gelobt, die lobt, im Vergehen, das Sein
Gebrochen so, getrunken wie, gesungen wenn
Und mit dem Rot, daß es und rot sei
Das spiegelnde als Glanzlack, und blaß
Das blasse als Mauerschein oder ziegelrot
Rosa und gelobt in den Geranienblüten

Adolf Endler

Memoire

Buchstützen, steil stehn sie da (unverrückbar?);
      die Bücher stehn stramm...
»Das mosernde Dichterpack, Mensch, was haut
      man's nicht einfach zusamm'!«
(Kommts aus dem Fernseher?, aus dem Korridor?,
      unten vom Damm?)
Einhundert Bücher; die Dienstpistole; Autoschlüssel;
      der Kamm.

Hans Arnfrid Astel

Frottage
      für Kajo Wölbert

Maserung.
Das Zeichenbrett übt
einen Strich.

Blattmuster
wird unter der Hand
Musterblatt.

Meisterhaft
ist das Skizzenblatt,
fingerschnell.

Im Holzweg
seh ich mich dichten.
Gänsehaut.

Monica Adolph

Gerüche Geräusche

läszlich das Zitat die vertrockneten Bilder Vogelgift
Wacholder Wacholder Beeren Holunder die
      Ähnlichkeiten
zerstreut Lorbeer zur Suppe zum Ruhm und
gestoßene Perlen
             Mais überm Knie
an einem Eisberg stirbt der Heilige
Sebastian im zweiten Anlauf

ein Tag an dem man Hühnerherzen brät

der Zug der Anderen im All überall in den Wörtern
im Geschäft gegenüber ganz außerordentlich nah

der Pappel springen die Wolken auf
off and on Regen und Feuer geteiltes Geräusch
Ebbe und Flut die winzige Kehre im Ohr

verläszlich sieht man kein Zitat ein Zitat
ist ein Gedicht
                    das sich sehr weit verläuft
und Tage später
fällt die tote Zikade aus dem rechten oder linken

wer weiß

Barbara Köhler

In the movies

>»Film ist vierundzwanzigmal
Wahrheit pro Sekunde«
Jean-Luc Godard

Vierundzwanzigmal pro Sekunde
laufe ich mir davon kommt etwas
auf mich zu sagt: Ich

laufe davon bin fest
gehalten in den Bildern
die laufen ein Massaker
jede Bewegung eine Wendung
im Schlaf in vierundzwanzig
Stück pro Sekunde Stunden
der Tag zerteilt eine gepreßte
Stimme die Tonspur sagt: Ich

hab mich verlaufen sehe vor
lauter Bildern den Film nicht
den Stillstand sehe mich vor
vierundzwanzig Feststellungen
pro Sekunde bewegt die Hand
in den Mund gestopft: Leben

tut weh Madame beißen Sie zu.

Heinz G. Hahs

zum hüpfseil geflochten
all die geraden silben all
die ungeraden aus primzahlwörtern
eine geschichte gedreht
die tritt sich fest im leeren

die queratmung trainieren etwa
etwa das blaue an den himmel schwören
für dieses bißchen leuchtstoff in den venen
für diesen rest verdreckten schnees

Ernest Wichner

Satz der Kastanien

Mächtig unter dem Wind hin
gingen die Kastanien, das Kind
hatte liegend darunter den Tod
geträumt, die Liebesgrotte
und an Dauer so viel, daß ein Bild
Kontur gewann, dem braun
herabfallend im Herbst
Natur am blendend weißen
Schädelknochen klopft.

Anne Duden

Verkommnis

Den Tamariskenkillern heute
den Ent- und Erledigern
Abhackern und Stampfern
kochblütig
Krebs ins Essen geschickt

107

und in die Saucen gebrannt
unbekommen nachbarlich.
Give me strength.
Give me a break.
Den Normalschwadronen
und Mordfabrikanten immer schon
und nichts als weißglühende Schlußworte
hinterher oder entgegen
geschüttet oder gezischt.
Alles andere
nur noch schräg anzusehen gewagt
und keinerlei Sitzgelegenheit im Freien.

Nackte Quartiere
erwarten kernlos das Abgemachte
und die neue Bebrütung.
Anrainer lange entlaubt.
Niemand ist aufgerufen
windige Strick-Kinder bloß
am Forellenteich
und einzig den Gepfählten entgeht nichts.
Bitte, das Haus brennt
ich sagte es schon.
Die Kontinente wachsen
ruckhaft zusammen
erbrechen Flüchtende ineinander.

Beachten Sie Nimmerwiedergesehenes
all die Krusten und Schalen
und mondsüchtige Schädel
junger Vögel auf dem Gilbrasen.
Es rauscht, aber lauthals
vor Sonne.

Ausdrücklich gelangweilt
mit dauernd breiter werdenden Magnetzehen
werden die Geräte betätigt.
Wer.
Niemand wächst wirklich nach.

Kein Würgeengel fällt in den Blick
kein Schweiß- oder Schwachpatron
kein Kosemeister gegen das Bluten
keines Nachts. Nur Katzenzimmer
und die Auf- und Abtretenden
und der die Worte entherzt und verreißt aus Not
der schlagende Sturmvogel
im Rippenkäfig.

Rainer Malkowski

Im Paradies

Im Paradies
kann man sich eine Fahrkarte kaufen.
Auf den blinkenden Fluß sehen zur Rechten,
aussteigen an einem unbekannten Ort
und durch eine Kastanienallee gehen.

Im Paradies
trägt man ein Buch in der Tasche
und liest darin
in einem Straßencafé.

Im Paradies
ist es kalt oder warm.
Es gibt Hunger und Durst,
und die Haut nimmt Notiz
von einer anderen Haut.

Augen treffen Augen,
das Ohr hört den Atem,
die Hand knipst das Licht aus.

Es ist dunkel im Paradies,
oder es ist hell –
wenn das Licht wiederkommt
durch ein Fenster.

Gregor Laschen

Aus: Einsame Tafeln

Diese »einsamen Tafeln« leiten uns
ab aus der Ordnung der Gegend, in
eine andere Rede, eine Zeit lang
als Krümmung (Hand, Mund) vor
Augen, die Tiefe, die sie mit allem
verband, ist ausgeräumt – wie Fische
stehen Gehirn und Leib quer in der
Strömung, bloß; aber vor der
Mündung, im Feuergaumen des Stroms
wartet lange das Gegeneinander, die
Delta-Figur, erhobene Hand, die
sich die Hand abhackt, Höhen-
und Tiefenströmung in eins, wo die
Haut vom Zusammen gezogen wird,
Schicht um Schicht herbeigeredetes
Aus, tonlose Wörter zuletzt, die stehn
in der Strömung quer, auch bloß.

Thomas Kling

schlick

eure kartn, sprach- und
seekartn, tickets, taugn nichts, leute.
gefälschte, lachhafte papiere. eben
flebben! aus der forschung
genommenes; gekrickel; untauglich-
keitsnachweise? die menge.
                      blau sei
»di tiefe«? sieh solche lippm: blaue
bohrmuschel, seepockig, di klemmt.
ein geknister, gekrächz von sand;
geschepper von zähnen, in di fremdn
geschlepptes gebiß. eiskrächzn. *das team,*
(di besatzung; manche) habe ins eis eine

wune, eine wunde gehackt?, wo sie, weißsteigende
gewässer, im geblubber hochblubbern,
ihre kamera versenkn: u-faunaschein
wirkt ungeköpft. exponatsuche, durch-
geharkter krill, kaum platz zum zappeln.
so bodnprobn, di rumfliegn, einfach so.
silbngezappel zappelndes silber im
bodnlosn, gehievt. schleppnetz zunge;
richtig glitschig alles.
                        auf labgesalbtn
riesenkähnen heißt neurdings di fracht:
geröchel.
            die sonne. wi teer.

Paul Wühr

Ob

zwischen seinen Gedanken
der Geist

hatte er Flügel schlägt
auf über

was für einem Satz
seinen Flug

steht er Stille wird
von ihm

die seine geschüttelt ob
Schatten hier

fallen auf meinem
Weiß liegt

er dunkel in seinen
Gedanken

Walter Helmut Fritz

Erregende Ruhe

In seinem Haus in Villeneuve-sur-Yonne notiert
ein Mann: Wenn Sprachen entwickelt sind, so ist
die Leichtigkeit, sich auszudrücken, dem Geist
nachteilig, weil kein Hindernis ihn aufhält ... Wie
immer wartet Joseph Joubert auf seine Sätze, bis er
sich selbst mit ihnen überrascht, bis er den Worten
einen Horizont und ein Echo gegeben hat; bis sie
gastfreundlich sind; Saft, der sich trinken läßt. Er
wird schreiben, bis sein Leben sein Leben gewor-
den ist ... Ein Sprühregen fällt auf den Ort, ehe die
Wolken vom Himmel gehen. Eine späte Dahlie
glüht. Das heimkehrende Pferd zuckt mit dem Fell.

Franzobel

Redoute

Reden ist nicht miteinander, Bla, Sprechen ist nicht Samt, Blabla
und redlich aus dem Mund, Tacheles, denn aus dem Gewand,
das Maul verrissen ist mein Sagen Wimpernstrich und ja gewandt, bar
dem Umstand nur und leeren Wänden nachgerannt, schlauweis
ist es hineingesprochen in den Bauch, ein Kind, Blabla, ein Schelm,
nein abgebogen Richtung Tratsch. Floskel, die mit
Teilung reduziert und hängt sich an, an Anna dran,
Blabla an Sprachgewalt frisch von der Leber,
Eloquenz, den Bückling machen, Plädoyer in Bla,
zum Nabel sonders heimgekehrt, an Phrasen
und in Bildern vollgesaugt, ist, was Bla
ich sagen will, Blabla, rein rechnerisch, ja
nur. Ein Fuß ich-liebe-dich.
Baba.

Dieter M. Gräf

-sandra (kann keine Kriechensprach)

Die, die wild sind - der Wolfsgott spuckt
drauf, spuckt in den Mund (so vögelt der
delphische Gott in der Nacht) - sind stumm:
ein sichtbares Orakel. Ein nackter, zu
tätowierter Körper, halbseitig geschoren:
der gegen die Sonne gelegte, geschlagene
Kopf (der bedeutenden Kämpfe), aus dem nun
- betäubende Dämpfe - die Buchstabentiere
schön durcheinander kriechen, und, für
die, die die Zahlen haben, Zahlharpunen.

(Für Ullrich Panndorf)

Ulla Hahn

Ars poetica

> Nomina si pereunt, perit et cognito rerum.
> Carl von Linné

Ja. Nein. Verantwortung. Gott
so viel Worte. Zu haus sein wo
man hingehört der große Weltatlas
finale Störungen Erlebnisdichtung die
rose is a rose is a rose

An dieser Stelle nur noch Ich Erleberin
Adresse weltweit unbedeutend und beliebig
die Sonne scheint geh diesen Weg entlang
was täglich abfällt ist dein Material
Erzähl mir nichts vom Gehn steh auf und geh

Der Garten wartet Ostermelodie wo es sich dreht
gefiltert sublimiert schön tief und hoch
prozentig destilliert Bewußtseinspoesie der alten Art die
Rose is a rose est una rosa
und würde ohne jeden Namen duften.

Gerhard Falkner

Kulturkampf

im Furienstall
am Zapfplatz hinter der Rittmeisterpritsche
die Absenkerschatten
der Ausuferungslinie: Ost
das Prunkfeld
der Prenzlauer Prollnummer
vom Schnaps bis zum Anschlag
bis an die Sumpfdottergrube
geflutet

    Deutsche Festung, hochgelallt
    bis an die zweite Stunde Null
    die rückwärtsgestotterte
    rebellische Leere
    als Herrengedeck
    von Rädelsgeführten
    das halbe geborstene Bautzen
    im Kummerkasten
    kaputtgeschubster
    Künstlerkinder

am Kollwitz Platz links
drei Schritte hinter der Nacht
da trudeln die
bis aufs Hemd beraubten
verstaubten Avantgardisten

den Holzweg hinab
in die knochentrockene
        Kehrbleiche

Steffen Jacobs

Na also

Noch mal von vorne beginnen,
noch mal die Lade leer;
aufs neue dem Alten nachsinnen -
es geht doch - bitte sehr.

Noch mal der frische Gram,
noch mal das vage Joch;
Epigonie ohne Scham -
na bitte: geht doch.

Paul Wühr

Dieser

eine läßt uns die einen sein
die ganz in

sich selber nichts anderes
sind als

nur dieser Eine als welcher
wir diese

anderen immer nur wieder
zu anderen

machen solange wir lesen

können und

schreiben stehen sie draußen
wo keiner sie

schreibt oder liest

Felix Philipp Ingold

Aus:»Handy Note«

103 Laken

zu zweit zerwalkt. wie
gehabt. Wie's lacht. Wie gefroren
Milch.

107 Nahen

Ahnen zu Garben
gebündelt. Kein Graben zwischen
Jetzt und Dort.

108 Kommunikation

Eine sehr junge Frau kauert in der Telephonzelle hält den Hörer zwischen
die Knie geklemmt während sie mit der einen Hand wild gestikuliert und
mit der andern sich den Mund zupresst.

109 Frühstück

Die Nacht ist ausgeschlachtet. Hass
und Hoffnung nichts als
Balg.

Ernst Jandl

kaltes gedicht

die schinke und das wurst
in kühlschrank drin
der schöne deutsche wort
in kühlschrank drin
das schönsten deutschen wort
die wört der deutschen schön
das wurst die schinke plus
kühl vodka von die russ

Oskar Pastior

und nimmt sinn, und gibt sinn, und nimmt und gibt sinn;
denn sinn gibt auch was sinn nimmt und sinn gibt was auch
sinn nimmt; sinn und und sind wie nimmt und gibt und wie als
und wie; und macht wau und wau; mal als wie mal als als mal
als gibt mal als nimmt; und nimmt als mal gibt als mal als als
mal wie als mal wau; und wau macht und wie und als wie; und
gibt und nimmt wie sind und und sinn; nimmt sinn auch was
gibt sinn und nimmt sinn was auch gibt sinn; denn sinn gibt
und nimmt und sinn gibt und sinn nimmt und

Adolf Endler

Resumé

Bis heute kein einziger *Seepapagei* in meinen vielen Gedichten
(stattdessen schon wieder 'n Dutzend grüne Fadennudeln im Bart);
auch dem *Sabberlatz* nicht das ärmste Denkmal gesetzt in Vers oder
 Prosa,
so wenig wie der *Elbe-Schiffahrt* oder der *Karpfenernte* bei Peitz.

Geschiebemergel dagegen ja!, fast zu häufig die Rede von diesem
(und meistens mit Fadennudeln im verwahrlosten Bart)!
Nicht vergessen die *Gelbhalsmaus,* nicht fehlt die sogenannte *Nasch-
marktfassade!*
Selbst *Sägeblätter,* selbst *Kühlhaus-Eier* weiß ich irgendwo
untergebracht.

Indessen nicht der kleinste *Seepapagei* in meinem
Scheiße-Gesamtwerk!
Um ehrlich zu sein: Das Gleiche gilt für den *Hüfthalter* oder den
Kronenverschluß.
Und wie konnte ich fünfzig Jahre lang das Wörtchen
»Wadenwickel« verfehlen?
Es gibt keine ausreichend lichte Erklärung für das und
für dies und für das.

»Darf ich dir die Fadennudeln aus dem Bart nehmen?«
(Georg Maurer).

Peter Rühmkorf

Früher als wir die großen Ströme noch

Früher, als wir die großen Ströme noch mit eigenen Armen teilten,
Ob, Lena, Jennissei, Missouri,
Mississippi, Elbe, Oste,
und mit Gesang den Hang raufzogen
und mit Gesang auch wieder herab,
immer den Augen hinterher und Hyperions leuchtenden Töchtern,
des Tages Anbruchs Röte
und des Mondes Aufzugs Beginn -
Heute: drei Telefongespräche und der Tag ist gelaufen.

Ja, man steht noch in Korrespondenz, das wohl …
Paar Gedankenstriche zu einer Ästhetik des Flickworts,
eine Hoffnung.
Etwas Zuspruch aus zahnlosen Mäulern,
ein Gewinn.

Dies nervöse Verflackern der fleißigen alten Kerle
kurz vorm Abschiednehmen,
ohne daß nochmal jemand richtig Reisig nachwirft –
Aber es ist immerhin nicht das erste Mal, daß du seufzt
und hoffentlich nicht das letzte,
irgendsoeine blindgeborene Mickymaus wird sich schon finden,
die deine Anlagen würdigt.

Wenn man bedenkt, wie vielen trotzigen kleinen
Tante-Emma-Läden
du bis zum letzten Hirsekorn die Treue gehalten hast,
und sind ausnahmslos untergegangen …
Und dann kommt ja auch bald der Moment,
daß du selbst die Regale räumen mußt,
nur weil von hinten unentwegt die neue Ware nachdrückt:
Vom Dreck ergriffen steht die Menge da.
Nicht zur Hilfe eilen die Mitmenschen,
sondern zu niederen Schauzwecken.
Du aber sitzest angestrengt auf deinem Scherbenhügel,
einen abgerissnen Fluch im Hals –

Alles Quack, wer der Welt zu tief ins Auge gesehn hat,
um noch an ihr leiden zu wollen,
wird den Mangel an Service hier nicht so persönlich nehmen.
Lieber als daß ich einiger abgesoffener Salatblätter wegen
gleich nach dem Chef des Hauses verlang,
laß ich mir doch das restliche Abendlicht auf der Netzhaut zergehn.
Ein paar dampfende Dachpfannen nach dem Regen.
Eine nasse Hecke, hingestreckt über tausend Meter,
eine viertel Stunde lang.
Ja, und am Ende sehnst du dich dann nach den Tagen,
die du jetzt so lieblos verabschiedest.

Hauptdarsteller

Günter Kunert

Mein Golem

An manchen Tagen
höre ich deutlich
seinen Schritt. Überflüssig
der Blick aus dem Fenster
der Blick in die Zeitung.
Es sind solche Tage
daß die Gedanken stocken
als wären sie Atem.
Es ist der Atem.
Tage die ihren Namen verloren.
Anonyme Tage.
Ausdauerndes Ausschreiten.
Verstecke dich selber
in Träume in Bücher in Gläser.
Der Verfolger
ist ein Koloß
seine Ferse rostiger Schorf
sein Gesicht abwesend
sein Gang unaufhaltsam
besonders an manchen Tagen.

Hans Magnus Enzensberger

Unbemerktes Mirakel

Vom See Genezareth
hat er vermutlich nie gehört,
der Siebzigjährige dort an der Ampel.
Die Mutter ging nicht in die Kirche.
Wie geringfügig seine Chancen sind,
heil über die Kreuzung zu kommen,
mit dem Spitz an der Leine! Wunderbar,
daß er überhaupt aufgetaucht ist
aus dem Neolithikum, daß er
die Sturzgeburt überlebt hat,

damals bei Leschnitz im Chelm,
heute Leśnica, Polen, in einer Scheune,
umstellt von Heckenschützen, dann
das splitternde Eis auf dem Weiher,
mit sieben, beim Schlittschuhlauf,
später jahrelang Stempeln,
Trommelfeuer bei Kursk, Schlaganfall
auf Mallorca, und dennoch tausendmal
die tödliche Fahrbahn überquert
beim Milchholen – unwahrscheinlich,
sagen wir: zehn hoch minus neunzehn,
daß er davongekommen ist
bis auf den heutigen Tag,
stolpernd, doch trockenen Fußes
auf seiner langen, langen Wanderung
über den See Genezareth, von der er
so wenig weiß wie sein Hündchen.

Peter Rühmkorf

Fast pastörlich

Blicke, fast wie auf dem Strich,
flitzende Magnetchen,
alte Männer merken sich
junge Mädchen
Jahr um Jahr ein Stück verstärkt,
leider bleiben selber unbemerkt.

Neigen Häupter, ziehen Hüte,
sehen mit verschärften Nerven
ungeheure Diven sich
in der Eile ihrer Blüte
Tagedieben in die Arme werfen –
Leider, diese Welt spricht nicht für dich.

Und dann wieder Abendstunden,
unausweichlich, unaufhörlich,
wo du wie gepierced

eisern vors Kanonenrohr gebunden
virtuellen Blüten in die Kelche stierst …
Und erschauerst ehrlich fast pastörlich

Ursula Krechel

Bildnis einer daniederliegenden Dame

Ich, abwehrstark, eine geborene
Apfelesserin, nie schnupfenkrank
doch arg anämisch, arbeitsam
Furcht vor Arthritis, Zahnausfall
Gewittern, Wolkenbrüchen, Würmern
eiternden Kiefern, Glasknochenbruch.

Ich, Majestät im eigenen Haus
Sentimente sind hier verkabelt
in freigelegten Tränenkanälen.
Säcke voller Zitatschnipsel, Karteileichen
Organisation knochentrockener Bestürzung
Angeln quietschen, die Klinke klemmt
unter der Hand, Schlüssellochguckerin
selbst argwöhnisch, doch belauscht
beim Schauen in einen fremden Raum
vier Schuhe, spitz, gelöste Schnürsenkel
Terrarium, in dem sich Dinge stöhnend paaren.

Ich, abwehrstark, nie hustenlahm
Möwenbändigerin unter Spatzenkindern
die ihre Federn plustern und bepicken
ich schaue ihnen zu, die Dinge lachen
sich in die Faust, ein Sturm erhebt sich
das Zimmer flattert türflügelweit
schwankt, das Paaren ist ein Schwindel
zwischen Stuhl und schwerem Sesselbein
die Decke und die Überdecke (Amish Quilt)
halten sich tagtäglich bedeckt.
Grabschen, Krabbelkiste, die Gruselgeschichte
vom grämlich wiehernden Grubenpferd.

Ein Festklammern an der Reling, einhändig
hinter der vorgehaltenen Hand.
Spatzengehüpfe, Möwengezeter
die Majestät fließt aus wohin
zitternde Körper, um und umgewendete Mägen
Hühnerfutter fault auf nassen Planken.

Jürgen Theobaldy

Gladiolen

Als sie droben die rostige Dose nimmt,
gibt sich die Gebärde weiter, wo sie steht,

der Aluleiter, und das Aluminium quietscht,
auf dem die Frau herabsteigt, Fuß nach Fuß,

vor der grell erhellten Wand der Grabplatten,
um drunten den Rest Wasser wegzuleeren

und die Dose mit Gladiolen aufzufüllen,
die im Dorf aus jeder Gartenecke schießen.

Von weiter oben dringt der Dreiklang her
der Kapelle auf dem Felsen überm See,

indes die Frau, in ihrem Arm die rote Pracht,
so wieder Fuß vor Fuß, ins Hohe steigt

des Tags, des Ergo sum resurrectio et vita,
wie es vom Sohn geschrieben stand, bevor

die Lücke in ihr Leben riß: Und nie wird sie
sich anders schließen als mit ihrem Leben,

was sie gewußt hat, lange ehe es geschah,
indes sie geht, für heute unten, auf dem Kies,

am Tor jetzt, unter dieser Schrift hindurch.

Walter Helmut Fritz

Fünfundachtzig

Eine Woche vor der Reise beginnt sie mit
schläfrigen Händen ihren Koffer zu packen. Heute
die Wäsche, morgen die Blusen, die Schuhe, Trödeln!
Mit offenem Haar. Dazwischen ist es am schönsten,
noch einmal auf dem Jahrmarkt zu sein und Krapfen
zu essen. Am Abend die alten Fotos, auf denen man
nichts hört. Die Schaukel im Garten. Das erste
Fahrrad. Die Kinder im Arm. Bald ist Krieg.

Robert Gernhardt

Die Nachbarin

Die Nachbarin, die hüstelnd die Treppe fegt.
»So anstrengend heute.
Weiß auch nicht,
was ich habe.«
Krebs hat sie, die Nachbarin.
In einem Jahr wird sie tot sein.

Eine Erinnerung, die nicht vergehen will:
»So anstrengend heute.
Weiß auch nicht,
was ich habe.«
Krebs hatte sie, die Nachbarin.
Seit fünfzehn Jahren ist sie tot.

Michael Buselmeier

Novemberblick

Die alte Frau im Kasten
mit Hasenohren
bewegt die Lippen und weint

127

Dahinten im Kopf hab ich ein Loch

Der Krebs im Wasserbecken
des Kaufhofs, rosa gesprenkelt
hebt die gefesselten Scheren

Staunen im Aug, fast Wahnsinn
Weckrufe. Am Wegrand
der verlorene Schuh

Alfred Kolleritsch

Bild von uns

Das ins Licht Gezogene
zerfällt im Licht,
es war das Feuer für uns,
nicht alles,

die Bogen zerbrachen,
wo es am tiefsten griff,
war es ungenau.

Wir peitschten uns
in das Bild
und waren gemeinsam da,
im Unerträglichen
und stritten darum.

Hans-Ulrich Treichel

Biographie

Es war nicht Mühsal gewesen,
nicht Plage, es dauerte nicht
neunzig und auch keine siebzig
Jahr, es war nicht köstlich gewesen,

auch nicht von Übel, da war nur
manchmal ein Schmerz in den Adern,
ein Pochen im Schädel, der Himmel
riß nicht auf, der Teppich blieb
von der Sintflut verschont.

Walter Helmut Fritz

Biographie

Es krabbelt über den Boden. Es lallt, es kräht, es
stammelt, es spielt, es stutzt, es schreit. Es tappt
umher. Seine Lenksamkeit, sein Jähzorn, seine Schli-
che, seine Freude an rollenden Eisbuden. Es wird
eine Plaudertasche. Es wird ein Hauptdarsteller.
Später wird es sein größter Wunsch sein, den Gau-
risankar zu besteigen.

Michael Krüger

Rede des Postboten

Ich besitze eine schöne Sammlung
von Postkarten, die sich nicht zustellen ließen.
Sie ist streng alphabetisch geordnet.
Urlaubsgrüße, von fettigen Daumen signiert,
Liebesverrat in Druckbuchstaben,
praktische Ratschläge: Bitte vergiß nicht,
das Gas abzustellen. Alles, was Menschen
verbindet. Schriften, die sich keck vergeuden,
andere mit puritanischen Unterlängen.
Und all die schönen entwerteten Gesichter:
Adenauer, Franco, der traurige griechische König,
der noch verstempelt wurde, als er schon längst
im Exil war. Auch Pelikan und Tulpe
fehlen nicht in meiner Sammlung.
Eine Postkarte hab ich besonders gern, sie ist,

in New York aufgegeben, um die Welt gereist,
ohne ihre Botschaft loszuwerden.
Ihr Text lautet: Ich verzeihe Dir.
Nie.

Friederike Mayröcker

Proëm auf den Änderungsschneider Aslan Gültekin

und hatten einander gesehen ich meine
zugeworfen den Blick und die Blicke bodenloses
Terrain, uns angeblickt einen Blick zwei Blicke lang angeblickt
im Vorübergehen an seiner Ladentür also mit je einem
Auge einander berührt im Vorüberstreifen mit Nachdenken, dann
ins Flußknie der Mann gleichsam profilhaft
solch Raptus-Szene, während ein Tropfen Schweiß
langsam aus meiner Achselhöhle den Arm hinabrinnt
ein Buchstabe plötzlich aus meinem Namen
fällt zu Boden ich sehe ihn fallen, verschwinden –
mit FARNKRAUT AUGEN, Breton

Werner Söllner

Alter Mann am Nachmittag

Er hat den Stuhl ans Fenster gestellt.
Dort, wo sich die Sonne noch hält,

sitzt er, ein blinder Fleck, und vergißt,
daß er einmal wirklich gewesen ist.

Er schläft, als sei das Haus schon leer.
Auf seiner Insel im steinernen Meer

sitzt er und döst sich ein Stück
vom raschelnden Körper zurück,

130

von der Heimat, die er nicht kennt.
Staub, der in den Zellen verbrennt,

steigt in den zitternden Kopf.
Am Hemd aus Holz ein eiserner Knopf.

Schuldt

Ewer

Ein Würger erntet Rachen.
Er will eigentlich Ruhe.
Er wartet, er rechnet
ein Weilchen, er rastet,
er weiß: es reicht.
Es weht ein Raum,
er wogt etwas ramponiert.
Erst wenn ein Raunen
ertönt, weltab ein rauhes
elendes Weinen erklingt, redet
er weiter: erkennet Ränder,
erdet Weib, entbeint Rücken!
Endlich wird ein Rätsel
erfunden: Weh, eine Rippe,
Ehe, Wetter, ein Reim,
eine Wunde ergibt Reim.

Ror Wolf

Der Gung

Ein Mann kam wetterschwer daher,
vom Meer, vom Meer.
Er stieg so nebeldick hervor,
vom Moor, vom Moor.
Er lief, der Boden war sehr kalt,
im Wald, im Wald.

Das war ihm ungeheuer gleich,
am Teich, am Teich.
Er ging er duckte sich er kroch
durchs Loch, durchs Loch.
Dort ging er stiefelspitz entlang,
im Gang, im Gang.
Dann war das ganze Gehen aus,
im Haus, im Haus.
Er floß so wolkenweich dahin,
im Gin, im Gin.
Hart schlief und kellertief er ein,
wie Stein, wie Stein.
So endet in der Dämmerung
der Gung, der Gung.

Bert Papenfuß

todfug

des totenkults mätresse war aus dem lot
lanzelot hat sie zurück ins leben geholt
auf daß sie uns wiederbelebe, unser tod
& alles schien gut zu verfaulen
zärtlich vergingen sie einander
& als er seinen abstieg erklommen
entstieg den fickmühlenkokkenmöddings
opfertods unsterblichkeit, die sich gewaschen
unter den nägeln brannten scheiterhaufen
rußflockengeflatter drosch in die seelen
verlangen erglomm, sehnsucht loderte hoch
in ihren mastdärmen entstand sterblichkeit
& sie fanden einander einall inmitten von
meinesgleichen

Hans Magnus Enzensberger

Asphodelen

Komisch, der Gnostiker
im vierten Stock
ist immer noch wach.
Er klopft und klopft
an das Heizungsrohr.
Vor dem Fenster der Mob
ist verschwunden, und jetzt
fängt es auch noch zu schneien an.

In der ganzen Stadt
gibt es keine Schnürsenkel mehr.
Das MG-Feuer im Bankenviertel
hat nachgelassen.
Aber es sind noch ein paar
Asphodelen da, im Kühlschrank,
für alle Fälle.

Ernst Jandl

Vermeide dein leben

du bist ein mensch, verwandt der ratte.
leugne gott.
beginne nichts, damit du nichts beenden mußt.
du hast dich nicht begonnen – du wurdest begonnen.
du verendest, ob du willst oder nicht.
glück ist: sich und die mutter bei der geburt zu töten.
eines nur suche: deinen baldigen schmerzfreien tod.
hilferufe beantworte durch taubheit.
benütze dein denken zum vergessen von allem.
liebe streiche aus deinem vokabular.
verbrenne dein wörterbuch.
atme dich zu tode.

Matthias Politycki

Bademeister, das Ende der Betriebszeit verkündend

He, ihr Ferkel da driN, hört alle her:
ihr krAulenden Krankenpfleger, Krähenzüchter und sonstigen Super-
männer
    , die ihr in schönster Regelmäßigkeit allwöchentlich
    eure behaarten Rücken, BrustWarzen und Arschspalten
    in meinen Teich hier ungestraft taucht!

Und auch ihr seid gemeint, ihr fröhlichen Wasserleichen in spe,
ihr Kegelkönige und Frühstücksdirektoren,
wie ihr da
    , glatzkopfglänzend und sehnenhurtig,
    eurer letzten Rentenauszahlung entgegenschwImmt!

Und ihr ToRtentanten mit ermäßigtem Eintritt,
ihr: mit den rosa und weiß erblühten BaDesahnehauben
    , die ihr, schnatternd wie WarmwaSserenten,
    jahreinjahraus nebeneinander paddelnd,
    mein Becken blockiert,
    auf daß an euch vorbei sich niemand drücken kann!

Vor allem ihr aber, habt acht, ihr Nivea-Nymphen und -Nixen
mit den hin und her schwappenden BikiniBrüsten,
den hoffnungsvollen Hüftschwüngen
und euren frech funkelnden Fingernägeln
    , die ihr hierher nur kommt,
    um auch dies Wässerchen zu trüben! He

: Hört her, denn es wird allerhöchste Zeit,
dAß eigenhändig ich euch samt und sonders!
freundLichst den Hahn abDreh.

Wolfgang Dietrich

An einen Informatiker in Starnberg

Mann Chef, tun sie ihr zweistöckiges Wohnzimmer weg, es blendet so.
Sie erscheinen mir fürchterlich klein am anderen Ende des Zimmers.
Im Besitz eines gutsitzenden Postens bei Daimler können Sie
es sich leisten, Saft und Kraft des Imperiums zu preisen,
während ihre Frau auf der Galerie herumzirpt mit dem Kanari,
eine Spitzenkraft beim Funk.
Mit ihr zusammen verdienen sie 19 Mille im Monat, doch daß ich keine
Arbeit find, nicht einmal für tausend Eier, begreifen sie nicht.
Dafür reden Sie dauernd vom Geistigen, sie Pißwurm,
an Ihren feuchten Greifern klebt bloß Materie
Wie entlegen Ihr Haus ist, einhüftiges Satteldach, Holz – nehmen wir
an, es brennt:
Die Schuh ihrer Tochter liegen herum wie abgerissene Schwalbenflügel,
ihre Armbänder ringeln sich Stehlampe,
der verkohlte Perserteppich wellt sich vor lauter Sehnsucht, noch einmal
überquert zu werden von ihrem kostbaren Fuß
Sie heben die Kröte aus Balsaholz auf, die sie oft zur Hand nahm.
In den Mulden auf Ihrem Rücken bewahrt sie vielleicht die Eindrücke
Ihrer Finger.
Ihre Lippen zittern, Chef, sie erstarren vor Schreck wie ein unmündiger
Greis.
Sie lehnen sich an den Gründerzeittisch mit der abwärts gewölbten
Kappe. Hier nahm sie das Mahl ein.
Sie aber gehen ins Bad und knallen die Stirn ans Bidet, zwölfmal
und ex.
Die Blutschnüre bilden ein todschickes Fresko auf Ihrem Gesicht.
Sie sehen noch den Frisiertisch im grünen Zimmer, hier kämmte sie sich,
und Sie meinen noch das Geräusch zu hören, als sie pinkelte, als würde
ein dünner, hartpampiger Lack verschüttet aus einem Kanister,
und Sie meinen noch das Lächeln in ihren runden Kniekehlen
zu sehen, wenn sie in den Garten ging.

Am Südfenster langweilen sich die Quittenplätzchen, wer wird
sie essen,
am Nordfenster tropft der Schwenkarm des verschmorten Plattenspielers.
Sie zertreten den Saphir.
Alles fließt. Die Schallplatten Lava, die Aschbecher, Lava das
Lenkrad an ihrer Tür. Als Schülerin nagelte sie es dorthin.
Warum zerkratzen sie plötzlich die Sofalehne, was denken Sie dabei?
Jetzt ist es aus und die krummbeinigen Dackelstühle im Vorzimmer
knurren ratlos den Tisch an.
Was solls Ihre Tochter ist tot mit ihrer Asche würz ich mir
eine Pizza.
Bleiben Sie stehen, Sie Hanswurst, das Treppenhaus brennt seit
zwei Stunden.
Was zerren Sie an meiner Schweinslederjacke. Kusch kusch Finger
weg, Pfui
Ich hechte jetzt durch die Türscheibe. Sie bleiben schön drin.

Alfred Kolleritsch

O

Daß wieder einer dieser Nachmittage
kommt, die Kugel sich verschließt,
daß ein Fenster nur, für *seinen*
Augenblick, ganz der Blick ist,
der Blitz!

Wortlos: ist der Himmel weder blau,
das Schenkelpaar entzweigerissen,
die Blätter weder grün,
noch braucht der Körper
Platz für einen Namen, so gehen
die Muskeln ineinander über,
die feuchten Zwischenfälle
erkalten, trocknen weg.

So wird es nicht mehr sein,
vergangen in die Zukunft
spiegelt es (was war) sich
im Blut der Fingerspitzen,
im harten Stein, im Nichtmehrsein.
Es gibt uns noch,
gewesen sind wir
für die Bilderqualen,
für den dümmsten Streich, die Wiederholung.
Bücher sind auch da, der Blumenstock,
sogar der Staub, die Fleckenmuster,
und die Sätze, die wir lasen,
alles Nachschlagbare.

Zum »ihr« verdunkelt:
das »du und du«,
ihr alle aus der Kugel fort,
ein Stück Welt vorbei,
die nicht erfüllte Winterreise.

Barhäuptig im Leierklang, Erinnerung,
verdickt zur Nacht,
zum zerrissenen Lindenblatt.

Durs Grünbein

Falten und Fallen

Leute mit besseren Nerven als jedes Tier, flüchtiger, unbewußter
Waren sie's endlich gewohnt, den Tag zu zerlegen. Die Pizza
Aus Stunden aßen sie häppchenweise, meist kühl, und nebenbei
Hörten sie plappernd CDs oder fönten das Meerschwein,
Schrieben noch Briefe und gingen am Bildschirm auf Virusjagd.
Zwischen Stapeln Papier auf dem Schreibtisch, Verträgen, Kopien,
Baute der Origami-Kranich sein Nest, eine raschelnde Falle.

Jeder Tag brachte, am Abend berechnet, ein anderes Diagramm
Fraktaler Gelassenheit, später in traumlosem Kurzschlaf gelöscht.
Sah man genauer hin, mit der aus Filmen bekannten Engelsgeduld,
Waren es Farben, verteilt wie die Hoch- und Tiefdruckzonen
Über Europas Kartentisch. Sie glichen dem Fell des Geparden
Im Säugetier-Lexikon, den Blättern fixierten Graphitstaubs
Mit Fingerabdrücken in der Kartei für Gewalttäter. Deutlich
War diese Spur von Vergessen in allen Hirnen, Falten, Gesichtern,
Flüsternd, bis auf den Lippen das dünne Apfelhäutchen zerriß.

Kindheit, nächstes Leben

Thomas Rosenlöcher

Der stille Grund

Von ganz weit oben her, wie abgeschüttet,
jedoch sich lautlos lösend, fiel
rechts links hangab ein kleiner Jubel Glück
als Himmelsvorhang nieder. Kurz, es schneite,
die Luft durchschippernd, bis herab zum Grund.
Daß jedes Astes Ästlein schneebeladen
ein anderes, weiß überfiedert, kreuzte,
und ich in immer tiefre Wirrnis ging.
Längst schlief die Brücke unterm Brückenbogen.
Nur zu sich selbst noch redete der Bach,
bauchrednerisch. Und wenn auch meine Stapfe
mir längs des Wegs treulich im Zickzack folgte,
blieb unbegreiflich, daß jemals mein Fuß
dereinst das Weiß vor mir betreten könnte.
Zumal der Sohle Raster unter sich
die Fußspur jeden Augenblicks begrub.
So lebte ich. Kein Mensch kam mir entgegen.
Nichtmal mein Vater, viel zu lange tot.
Nur noch ein Knochenbündel in der Erde.
Da mir es nun ja doch gelungen war,
ihn zu vergessen, denn ich ging und ging,
nichtahnend, daß ich längst wie er
im Gehn die Arme hinter mir verschränkte.
Und daß vor lauter Frost und Schnee
mir Bart und Haare weiß geworden waren,
als käme er in mir mir selbst entgegen
und keiner stürbe. Irsinniges Stieben
schräg übern Weg hin. Unter mir im Eis
sehr großer Blasen eiliges Pulsieren.

Rolf Haufs

Ave

Nach wem sollen wir rufen. Die Väter
Haben sich aufgelöst. Harken wir ihnen den Kragen
Vielleicht haben sie ja noch ein Wort für uns
Eins das wir hören wollen
Also, wir beten für sie
Denn manchmal waren sie milde
Aber im Schlaf. Ihr nackter Rücken.
Die Wunde.

Reiner Kunze

nachtmahl auf dem acker

Wenn großvater am abend
das kräutichtfeuer schürte,
machte er die sterne,
die später über unseren köpfen standen

Wir erkannten sie wieder

Und der mond war ein armer bruder,
der zur sonne betteln ging
(manchmal bekam er etwas,
manchmal nicht)

Ich wußte noch nicht, daß der mond
das vorweggenommene antlitz ist
der erde

Ich war noch nicht Adam,
und großvater ähnelte gott

Damals, als ich noch vom himmel aß

Johann Lippet

Ende einer Wohnungssuche

das ist der vorraum hier die küche
dort ist die abstellkammer
das ist das gästeklo
das hier das badezimmer
da drin sind nun vorübergehend die kinder
mein mann und ich haben hier geschlafen
nein
dort nicht öffnen
die großmutter liegt im sterben

in meinem arbeitszimmer

Michael Buselmeier

Spinnweben

...Halte ich so den Lebensrest fest mit Spinnweben
in der Kellerenge zwischen Luftschutzloch und Waschbrett
gefangen neben dem eisernen Kessel wo alle vorbeidrängen
mit blutigen Bäuchen Notrufe und Glückwünsche
ins Telefon schreien die Rohrpost um Heimplätze bitten
um Stangeneis Persilscheine um Zwangsjacken für Bettnässer
und Prügel den Alten zur Milchsuppe mit Brotkrumen
serviert... Volltreffer im Gewölbe ein fernes Grummeln
Sirenengesang und Dämmerungsgrün jetzt schon am Tag

Mein Lebensrest in der modrigen Kiste die sich summend
entfernen will mit zerstochenen Puppenköpfen und brüchigen
Windeln halbseitig beschrifteten und bemalten Verträgen
Schals Foto-Alben Fliegengittern versilberten Schrauben
und Hülsen aufscheinend im Gaslicht als ob sie noch einmal
zusammenfinden könnten zu Laubfroschhäusern
zu Luftdruckpistolen und funkelnden Füllfederhaltern
eine Schublade voll auf den Schanktisch gekippt

Hier im klammen Kellergeruch will ich bleiben
neben der Kohlenrutsche zwischen Holzbank und Korbsessel
wachend an der rieselnden Spinnenwand unter der Funzel
die bei Erschütterung schwankt abwesend über den Kasten
mit Lebensbildern gebeugt am Vorlegeschloß bosselnd
das Verbotene suchend während alle Vergessenen
noch durcheinanderschreien und eifernd vorbeidrängen
zu den Kartoffelsäcken mit kranken Blicken so tun
als sei der Blockwart im Anmarsch der Krieg gleich zu Ende
Feuer…und alle Gräber aufgetan

Karl Mickel

Das Alter

1
Und wieder der Frühling
Dann bricht der Sommer herein
Wenn die Kastanien fallen
Denk ich: das kenne ich lange.

Winters
In trüben Waben
Wirst du die Menschen sehen
Mit kalten Augen.

2
Ich rauche die Hälfte
Ich trinke ein Zehntel
Ich liebe tagtäglich
Ich habe (-Tennis:) den Aufschlag verbessert.
Ich schwimme bisweilen im Meer, und es trägt mich.
Im Bergdorf Cervione
Sah ich freischwirren den Kolibri.

So beginne ich das sechzigste Jahr meines Alters
Das dreißigste Jahr der vernichteten Hoffnungen
Das fünfte Jahr der Aera Lenae.

3
Die langeweiligen Zeiten
Schrieb Montesquieu
Sind dem Volke die glücklichen
Mein Trost sind Naturgesetze
Schrieb Brecht; ich ergänzte:
Auch die Canaille muß sterben.

4
Und Tizian, neunundneunzigjährig, droht der
Dem Girlie doch: Du! - wenn ich achtzig wäre!
Und der Pest, im Coma: mach dich fort du!
Du schmeckst mir nicht! mein Magen ist noch tauglich.

Hans Arnfrid Astel

Diplosal

Die Wolkenschlösser sah ich einst als Kind.
Ich lag im Fieber unter Federbetten.
Und sah gespiegelt in dem Lampenhalter
die große Schwester unter meinem Bett.
Auf Skiern holte mir von Oberhof
mein Vater in der Röhre Diplosal.
Das färbte meine Pisse deutlich rot,
doch blieb ich seitdem an dem langen Leben.
Ich wurde älter als mein Vater, Sohn.
Wie soll ich die in Würde stellvertreten?

Jayne-Ann Igel

eine heimkehrlegende

der sohn kehrte heim, einsichtig all seiner rüpeleien, er ließ
sich scheren, als die *schafskälte* kam, seinen kopf an die
wange heimischen wohlbeheizten herdes zu lehnen; oh

dieser herd mit den eisernen füßen brodelndem magen, das
feuer ging durch und durch, machte siedend seine haut,
verlangend, der vater legte scheite nach und auf loderte der
sohn voll innerer weißglut, die mutter hob nur kurz den
fächer vom gesicht

Richard Wagner

Ausflug zu den Eltern

1

Auf dünnen Füßen steht der Mann.
Im Leinenzeug, verwaschen.
Unter der Kappe der Kopf, flüchtig.
Nimmt die Hacke,
das Fahrrad.
Hier wohnten sie. Wir.
Das Haus. Das Moos. Der Schatten.
Stechmücken sind in den Weiden.

2

Wir gehen, sie kommen.
Sie kommen und sprechen die
Sprache der Kindheit. Nein, sie
sprechen sie nicht, sie reden sie.
Sie reden mit schrillen Stimmen.

3

Wir gehen und treten auf der
Stelle. Daneben steht der Mann und
sagt etwas, sagt etwas, was wir nicht
verstehen und was sich anhört wie
Gutentag.

4

Ja, wir sind noch da und sie
reden noch und wir sind auf der
Flucht, und sie flüchten, wir und
sie und sie und wir drehen einen
Schlüssel in den Baum.

Gerhard Bolaender

Delfter Blau

Noch eine Landschaft
im braunen Karton. Wir lernen
bei der Mutter Lieder. Winters Kohlen
und gesalzenen Fisch. Brotacker: Was
man gebraucht hat. Der Ofen
mit den blauen Kacheln. Und nachts
Geschichten: Das Rabenglück beim Zug
durchs Land. Gutschenhupfen mit dem Karren
übers Gleis, den Eisenfaden lang: Paar Frauen
ins Dunkel fahrend, aus dem Dunkel kommend

Dieter M. Gräf

Speisen

trifft der Vater, er lebt weiter:
im Messer, die sich auf weißem Tuch
ständig opfernde Mutter, sie dehnt
sich aus in die Speisen, bietet sich
an zum Verzehr: wie die sich auf-
lösen, auf diesem Teller, nackt
und allgegenwärtig: in den Sekreten,
aus den Fäkalien hör ich sie brül
len, inmitten der Rinderherden, die
sich sammeln: um Familien, kauend.

Hans Thill

TRIFTIGE WASSER oberflach wie ein Spaten
in denen standen die Väter bis zum Hals.
Jedes Runzeln war ein kleiner Tod fehlte
es an Heizmaterial fiel die Zeugung aus. So
waren wir schon im Feuchten verschüttet
bevor es uns geben sollte. So nickten wir
ein noch bevor es uns gab.

Bei sinkendem Pegel Kopfstand der Wasser:
wir mit Bricketts Gezeugten wurden in unseren
Schlaf gepreßt. Sterben bringen Glück?
Täuschende Wasser schmeckten bitter und
weckten uns auf. One man one vote? In bib-
lischem Alter schnappte man wörtlich nach
des Großvaters hängender Frucht. Glaubwürdige
Wasser aus denen noch das exakte Plätschern
der Ahnen seufzte: sachliches Naß

Sabine Techel

Häwelmanns Montag

Vater, du darfst nicht gegangen sein es
ist jetzt zuviel Frau im Haus. Überall Rohre
heizen mir ein, fünf Kubikmeter Essen allein
was kostet das Miete und Müll, Vater

wie kannst du mich
lassen dem was ich will wenn ich
gewinne muß ich wieder Spieler sein was
hab ich alles was ich will und mehr

und kein Mensch schiebt mich
dahinter, nur immer Frau, sag ich,
lieb ich, was sonst
fängt man mit ihnen an.

Hansjörg Schertenleib

Breitseite

Von hinten her gestanzt Teil um Teil,
wird an den Müttern noch gearbeitet.
Bis uns das Imitat die Wange tätschelt
und das ausklappbare Rückenteil.
Vorne kippt die Wohnung aus dem Haus,

hinten wächst der Rasen unters Dach.
Kinderreime auf den Lippen, schaufeln wir,
Schwesterchen. Hündchen. Herzchen.
Nachher fallen wir uns um den Hals,
um zu töten. Zu töten. Tötn.

Lutz Seiler

pech & blende

was uns anblies aus großen, bevölkerten bäumen
war von haus aus vertieft
in die zeit der gespräche. baumsprache war
baumkuchen und lag
schwer zu haus, wie ausgeruhter knochen
der, wie wir kinder oft riefen
vor deiner zeit
unterwegs gewesen war, der die felder durchschritten
und beatmet hatte, den wir nun
lang und gern zu loben wußten und sahen
daß auch vater ihm gut war, daß er ihn
eine *stütze der erinnerung,* ein stellwerk
seines herzens nannte und saatgut
kaum noch geläufiger schritte, der kettenfahrzeuge
der erze und öle, heraus gebrochen
aus dem quartier seines gehens, weit hinter
den dämmen von culmitzsch, weit heraus
gerissen aus einer seltenen arbeit bei selingstädt
mit russischen erzen und ölen. und obwohl
wir selbst längst hätten schlafen müssen
drängten wir zu mutter hinunter, wenn vater
nachts umherging und schrie
     den knochen das weiß das waren die knochen
     mit russischen ölen und erzen
so sagten wir uns, er wittert das erz, es ist der knochen, ja
er hatte die halden bestiegen
die bergwelt gekannt, die raupenfahrt, das wasser, den schnaps
so rutschte er heimwärts, erfinder des abraums
wir hören es ticken, es ist die uhr, es ist
sein geiger zähler herz

Sabine Küchler

Im Keller

An dem Tag als mein Vater starb
standen zwei Gedichte von mir in der Zeitung

warme glutvolle Sätze er hätte gesagt
ohne Sinn und Verstand (›Lilienthal der
mein Vater war / meine Mutter die silbrige Schwänin
die / mich zwischen Bücherwänden gebar…‹)

wir hatten
über solche Dinge niemals ein Wort verloren
unsere Domäne:Apparate
mit klugen unverwüstlichen Seelen
›Signifikanz‹ sein Wort
das alle Scharlatane
zum Schweigen verdammte wir triumphierten
sobald ein neuer Lichtkreis sich schloß

als ich klein war
hatte mein Vater einen Kasten gebaut
mit dem ich Botschaften morsen konnte
ich war mir sicher
irgendwo da draußen
in einem ferngelegenen Keller hockte ein Kind
wie ich und lauschte dem Zirpen
ernst und verträumt
zwischen allerlei Werkzeug.

Friederike Mayröcker

Mutters Hostienblatt Mutters Seehöhe /
vernichtende Selbstanklage

1 Kerbtier: Kern einer Zitrusfrucht so
kükenhaft bleich und gestaucht: geknickt, zur Seite
geknickt, auf den Linnenboden geknickt auch Linoleum
abgewinkelt während des Hinschlagens, honigträufelnd ihr Mund

Mutters Horn- oder Honigbrille im Stürzen weg-
geschleudert, neben dem Ascheneimer, IM KABINETT.
Alles verrottet verschleudert verdammt, auf den Arm gestützt
im Liegen, während sie liegt auf dem Bretterboden, mich
anblickt. Ich weinte nicht sie so hilflos zu sehen ich
wußte nicht was zu tun sei, und statt hinzuknien zu ihr
mich hinzukauern zu ihr um in gleicher Position –
statt mich niederzukauern, ihr Trostworte zuzuflüstern sie
zu umarmen, trat ich BEINAHE UNGERÜHRT BEINAHE VERÄRGERT
zum Tisch und rief eine Freundin an: *komm rasch Mutter wieder*
    gestürzt.

Lioba Happel

Der Morgen

Immer wieder dem schwarz Verknoteten entkommen
Immer wieder Licht über der ausgezogenen Haut

Dieses zärtliche Tier steht als eine Jungfrau im Fenster
Hält ihr glänzendes neugeborenes Kind feil

Sabine Küchler

EINMAL hörst du sie wieder klammheimlich
sind sie zurückgekehrt um nach dir zu sehen
diesmal sind sie wie Vögel
mit ruhigem Gemüt du hast sie beschimpft
und verlassen in einem heruntergekommenen Park
wie bist du gerannt
um ihrer Freundlichkeit zu entgehen
schwer vorstellbar aber diesmal
beschwichtigst du nichts: Gras
schießt aus den Dielen Laub begräbt
deinen Tisch wenn du jetzt atmest
in deiner Brust Plunder der singt.

Uwe Kolbe

Kindheit, nächstes Leben

1

Der übliche Stern der Geburt:
Gletscher an südlicher Küste,
Zikadenkonzert auf einer
der Westmännerinseln, zum Beispiel.
So schlagen die Pendel: Wiking,
Phönizier, die europäische Wahl
Dreifaltigkeit, Malstrom und Styx.

2

Dort ließ ich mich nieder,
baute aus Raumschifflegierung
und Licht die ganz sachte Leiter
zur Traufhöhe auf. Das brauchte
weiteres Siebenjahr. Erst fragte,
dann sprach sich das feige Kind
den Mut selber zu. Hats überlebt.

3

Die Kinder die jungen Verbrecher,
lauter verschenkte Zeit,
das Schaun auf die Schlangen.
Erst unvermitteltes Nasenbluten,
das allen Stau bricht. Im Darm
poussierliches Glucksen,
dann aber nichts wie raus.

4

Es wäre,
        das erste Gedicht,
das Freundschaft gekauft hat,
und Liebe, zwar glücklos,
        aber

wer schriebe das schon?

Aus Leibeskräften

Franzobel

Minne

Wahre sie inne, Schmeichelwort,
denn rastlos zieht der Sommer fort,
oh, laß mich dulden Minnesang
den fernen Namenszug samt seinem Klang,
den brachen Schoß, sie weist ihn zu
dem fernen Lehensmann samt du,
noch sonst ein Dienst ist je vergeudet,
der ins Ohr geträuft nie, mich niemals räuet,
hie, hienieden ist der Pflug versehen,
der Heroldin Kleinod nachzugehen,
ihr mit Liedern, Leben, eben beizustehen,
wahre sie inne, Streichelwort,
denn rastlos zieht der Sommer fort.

Thomas Kling

stimmschur

es ist natürlich alles völlig naß; glätte von
nässe, von den ganzn zeigereien. von der
rede von fernigem, sozusagn. eine stimm-
schur vorgestoßener süße, in der unsere na-
men ausgesprochen werdn. haarwust, brauen-
verwüstung. unter dem schattn, deinem schattn,
den ich mit meinem gesicht (name) unterscheide;
nasses haar von der hand, gerangel in den atem-
ordnungen.

                          augn und augnhöhlen. zeige,
zeig mir, während die montagejungens draußn
ihre elementa-bleche zu installieren suchn.
geschepper, gezittertes zimmer; unsere stimmen,
körper dringn auf einander ein. lichte fleckn, blick-
lake.

in nässe zungnredn, eindringlicher gesang. das
ist doch nich zu laut oder? goldlack-der-frühe der
übers lager wandert, eine wüste der gaumen, ein getrenn
der grenzn von den körpern der stimmen. dazu einiges
ausm ghettoblaster, sprecherin und gesang, das wechselt
im nassn sich ab.

stimmschur, süße!
der frühling: kadaver, lacktabelle im licht. deine haare, stern,
(beatmung), sind wi eine herde ziegn (zeigeherd), di auf dem
berge glatt geschoren!, das muß man sich. gezeigt, vor augn
haltn und erlaubn. lacktabelle, timetable-der-körper! natürlich,
eine rose ist natürlich: rosen.

helles schattnzeug
der stimmen, es regnet jetzt, getriefe, goldlack (wi gesacht) der
frühe, so redn wir. das licht jetzt, deiner augn,
wie ein ritz im granatapfel

Ulrike Draesner

pissblumen

pflanzbare namen, die zunge der schiffer geknetet ins netz.
hündisches. einsam verspritzender sand.
flutlöcher. nadel ertastet gesteine gehirn. tastbare.
knopfdruck in flügelartiges: zwillings

haft, aufgespreizt. gebahrte gebrüstete flocken. lichtsaft. sie
lüster gewesen sich tief in den schnee.
knisternder tritt aus dem körper: bei ihm eine scheibe, bei ihr:
stangentief, gesprenkeltes hält sich an

der hand. gelber phallus aus eis, erstarrt, an ihr lutscht er, sie an
ihm, jeder das andre geschlecht. kommt zur
gleichen zeit, einem fernen ort, heiß, er die straße herab, sie,
die begebenheit voll vertiefungen,

leer, gedankenversunken, und sie, die nicht spricht, langsam schwappend
in wässrigen feldern, im reißenden,
haut. mikrophonetisches knistern, es könnte auch weinendes
sein. körper. ^{eben.} die hunde heben den kopf.

diese schmelzenden flächen sind wir. schön sind wir auch.
morgen lassen wir uns vergessen.
pissblumen gewesen. namen, geschissen zu schnee.

Ursula Krechel

Herzensbrecher, Herzensverbrecher

Kein Wort über die Liebe mehr, kein einziges (Substantiv)
eher schmiegige Verben wie säuseln, züngeln, zügeln, lächeln
und Schweigen zwischendurch, wenn die Frau penetrant fragt.
Dann doch lieber leichtfüßig Berge erklommen, outriert penetriert
Fieber und Feuer entfacht in kaltschnäuzigen Öfen, in denen dann
(Dauerbrenner, sparsam, umweltfreudig) Scheite lange Zeit lodern.
Lurche schlängeln sich und Flüßchen strömen an Anglern vorbei
Zelte und Wohnwagen erwägen, eine Nachtschicht einzulegen
Kreisverkehr auf den trocken ausgewiesenen Plätzen am Ortsrand.
Lust ist ein Luder, Fulltime-Gestöhne und fauler Zauber
Verben bewegen sich fort, wärmen Handinnenflächen und Fladen
Fladen auf Frauen mit Fußangeln, mitternächtlich verflacht
und käme ein Fisch auf dem Fahrrad, tränke ein Radlermaß
eine Frage, eine Frage nur! die Frage massiv verneint
leine das Herz an, Herzbeutel, Herzklammerbeutel so blau
mit dem Klammersack eingebleut, begierig aufgesogen
aber taufrisch selbstverständlich zwischen den Wäscheleinen
auf denen die Bettücher einer Windsbraut knattern
morgens dann in die Verben gegangen wie in die Pilze
heiter, künstlich errötet wie eben erst gepudert.

Friederike Mayröcker

an einen Knaben mit Laubgewand

das Hutband das Scheitelband das Band der Avenuen,
Adventuren, das Schädelband der Traum 1 Band wächst mir
aus den Schädelknochen, hängt herab, baumelt, bemalt
Augen und Ohren, wäre gerne wieder in diese Schädelband Gegend
gefahren, du ahnst was ich meine, welchen Ort ich meine nicht wahr
o du lieblicher Himmels Strich war für 1 Wort unausdenkbares
Wort, verzehrendes Wort, die HERZHUNDE wie weisze Schleppen,
oder die weisze Schleppe des Polsters, und wie die Schleppe
des weiszen Polsters am Fuszboden nachzieht, weil viel zu
grosz und zu weit-   skurril: die weisze Schleppe des Polsters
oder die weisze Schleppe deines Kopfkissens durch die ganze
Behausung solch Fetisch Szene, ach! hinter deinen Augen
eine deiner Tränen zu sein, ach von hinter deinen Augen her
dir zu entströmen als Träne von dir, und als deine Träne
hervorspringen, hervorströmen, und niemand sonst wird in
solcher Nähe je in solcher Nähe von dir gewesen sein, dann.

Karl Krolow

Einiges an dir

Vergiß nicht: einiges an dir
war so, daß ich es gern hatte.
Ich sage nicht mehr. Einiges
war wie nirgends sonst –
eine Handbewegung, Schnappschüsse,
ein abgebrochener Satz –
alles war gesagt,
die halb geschlossenen Augen,
wenn sich etwas bewahrheitete.
Ich sage nicht alles.
Man bekommt es von niemandem
besser zu hören.
Du wußtest es besser.
Du unterbrachst dich,

158

hörtest zu, wußtest
gar nichts mehr:
nichts war dir lieber.
Einiges an dir
verlor sich nach und nach.
Einer schrieb – er wußte Bescheid –
Da ist nichts Feines am Sterben.
Man kann es nachlesen.
Vergiß es.

Birgit Kempker

Als ich das erste Mal mit einem Jungen im Bett lag
war es Cornelius Busch, ich war 19, 1 Tag später
war es Andreas, der war 18, der Verteilung der
Aufregung wegen, Cornelius Busch verstand das
mit Andreas, Cornelius Busch hatte Buschlisa, die
er bald nicht mehr haben würde, die ihn erst
verstehen muss, erst muss er das Buschlisa
beibiegen, sagte Cornelius Busch, es ihr zärtlich
verklickern, Buschlisa muss eine Chance kriegen,
einen Zweitbusch, Andreas versteht das mit
Cornelius Busch, Buschlisa plus dem Kunstlehrer
nicht, wir sitzen an der stillen Oeyn, die Kühe
muhen: es tut nicht immer so weh, Nur beim
ersten Mal, sagt Andreas, komm, leg dich ins Gras,
es war Gras an der stillen Oeyn, worin wir lagen,
was die Finger schnitt, wovon wir bluteten, was
einer den anderen weglecken hiess, als ich ihm
sagte, warum ich nicht will: weil es weh tut,
meiner Beurteilung nach, Du verstehst das falsch,
sagte ich, was weh tut, das ist die erste Liebe, das
erste Vögeln nicht, was sich meiner Beurteilung
entzog, was sich ausserhalb seiner Vorstellung
befand, dass ich das mit dem Vögeln nicht
beurteilen kann, weil ich ausserhalb einer
Vögelvorstellung – hungrig zwar – aber ausserhalb
wohnte, schöner wär es in der Liebe zu wohnen,
schön wärs ein Taucherhäubchen zu sein.

Klaus Hensel

Luft

Es ist als
drückte mich etwas
mit aller Kraft unters Wasser
bis ich nur noch den
einen Gedanken
habe: Luft –

Jetzt bist du
Luft –

Uwe Kolbe

Amygdala

Es ist Furcht, aber Angriff.
Die äugende Göttin so nah.
Mein Mandelgebiet
erschauert wie feig.
Ich hab einen kleinen Körper,
der mitgeht, weiter nix.
Ich hab eine winzige Seele,
die stockt. Die Antwort
gibt etwas in mir, nicht ich:
ist aufzufressen oder zu meiden.

Ulrike Draesner

musenpressen

reanimationsversuch am offenen
mund künstlicher brustdruck die
redekunst (beatmungsvorgang)

wiederbeleben, flüstere ich, ein
mehr einzelnes, mehr speichelndes
verhalten gegen die mundverzellungen
schlage ich vor, am offenen brustkorb,
sagt er, braucht es innenzug durch
kompression und drückt mir wieder
die rippen zusammen, in anderen künsten
tauche schließlich seit jahren hervorragende
erpresskunst auf, sagt er, begehrte
kriegsbeute, als er sich heftig
und beugt, über mich.

Hans Thill

PARADOX aller Erhebung der Boden
gibt nach. Wir legen uns beiseite:
ein holziges Etwas, das beim Rudern
stört. Zu stehen es steigt bis an
die Stirn. Sich nichts anmerken
zu lassen aufrecht in den Booten zu
treiben während das Liegende ver-
schwimmt. Mit dem Handrücken gegen
die Stirn der Nachbarin feucht
oder bereits an die Strömung verkauft.
Sich aufzusparen die eigene Hitze
nicht anrechnen zu lassen
zu kauen zu hören wie das rauscht.
Mit der Nase alles zu räumen
immer die Allgemeinheit im Ohr
zu schlucken wie es kommt von unten
klopft sich seitwärts in die Knie
drückt. Das Lineal in den Einge-
weiden zu liebkosen zu denken:
willkommen zu fragen: schmeckt denn
das Treibholz nach uns

Silke Andrea Schuemmer

Stirnbilder. Organisches Porträt Nr. 28

Es regt sich, schnarrt und ächzt im Kehlkopf drin
schlägt den harten Gong des Gaumens zwölfmal an
Gewalpert wird vielleicht ganz oben wo sichs wölbt
hier unten, wo der Kiefer leise knackt,
spukt es in der Lippenfurche, huscht ein Schatten übers Kinn
Statt Fäden: Speichelnetze. Was da sich drin verfängt
zappelt eine Weile, stirbt dann schnell wie hingesagt
In den Winkeln ist ein früh verwestes Wort verwoben
ein unterkühltes seilt sich von der Schartenspitze ab
durch klebrig, dichtgesponnenes Gemasch
beschlägt in Tau und lungenwarmem Dunst
Zehn Füße hat der mißgeborne Vers
die rudern, krabbeln um ihr Leben einen Laut
wenn nicht der Atemzug vom nächsten drüberfährt

Helga M. Novak

deine gerechten Fährtenzeichen

deine gerechten Fährtenzeichen die Zweige
von deinen Schultern gebogen abgestreift
das niedergelegte Gras unter deinen Füßen

wo ist der Geweihte wo das hauende Schwein
wo sind Auerhahn und wilder Gänserich
wo ist der weiße hochbeinige Wolf
jemand hat mir einen alten Bock verraten
seinen Platz in der Dickung den Pfad zum Gewässer
noch vor dem ersten Büchsenlicht bin ich draußen
geduckt und atemlos ihn belauernd mit den Augen
die Erde prüfend hier weiß ich was eine Losung
wert sein kann wenn man sie liest

Brust an Brust mit dir daß keine Kugel zwischenpaßt
ist lange her daß ich ein Schmaltier gewesen bin
dies Beben jetzt ist eine Altersliebe schönes Zittern

Helga M. Novak

bin beschadet

bin beschadet und verbissen worden
gekappt und angebrochen und entwurzelt
die Schonung ist zu Ende
Wollmäuse am Himmel
Atlanten über mir
Mappen Karten aus Luft
ein rauschendes Fliehen
Gewölle tropft auf mich
bin beschadet meine Triebe
verbissen worden gekappt
angebrochen und entwurzelt
entnadelt und entlaubt
ganz zugeneigt der Erde
bin ich kahl und entwirrt
kopfunten lese ich keine
Atlanten mehr kein Stern
durchdringt das Gewölle
biete dem Heckenjäger keinen
Schutz mehr Leibstrafen
haben mich jüngst ereilt
eine Treibjagd mit Feuer
käme mir entgegen heute

Brigitte Struzyk

Aus: Rittersporn

Ein Ächzen und Asten
aus jedem Gebüsch
Es wirft mich um
zum Flirren ins Grün
zum Surren im Ohr
und nun halbnackt
mit der Schlinge ums Fußgelenk
siehst du wo du bleibst
mit den schnüffelnden Hunden
den Peitschenmasten

Karl Krolow

Anima

Anima oder Gerüche
kommen besonders fein
aus der alten Seelenküche.
Der Körper mischt sich ein,

auch ohne Seelenstärke,
immer begehrenswert,
geht er wie sonst zu Werke,
wenn er wie immer begehrt.

Geruch von Ohnmacht und Alter,
von Liebe und Geschlecht,
von Epidermis, ein kalter
Atem, ein Venengeflecht,

ein unbestimmtes Jucken,
Schamhügel und das Lärmen
der Lust oder schließlich das Spucken
von Sperma, den Tod in den Därmen.

Thomas Rosenlöcher

Stoßstangentiere

Meine kleine Frau
war über die Gleise gegangen,
um einen fremden Mann anzufassen.
Ein Königreich für ein Pferd, dachte ich,
und warf mich ins Auto. Doch hinter mir her
sofort ein andrer, den wieder ein andrer
verfolgt, verfolgte, und schon kamen sie
quer durch die Nebel, in endloser Reihe,
Lichtauge an -auge, und blinkten vor Trauer,
weil ihnen ein fremder Mann hinter den Gleisen
die Ehe zerstörte, und röhrten vor Zorn,
nicht auch noch das dauernde Stöhnen zu hören,
in dieser Nacht zwischen Osterholz-Scharmbeck
und Bremen zwölftausend, ich fletschte die Zähne,
Stoßstangentiere; da brach der Verkehr
zusammen, gen Morgen die Nebel
leckten das Gras ab, die Kühe
standen ein Stück in der Luft.
Du aber lagst da und schliefst.
Auf deinem Schlüsselbein sah ich
das Äderchen der Unschuld tuckern.

Horst Samson

Eiskalte Füße
                 für Edda

Deine Haut, die warme, dein Mund, sonst nichts
Für diesen Winter. Und die knarrende
Tür. Nie ist sie fest genug

Geschlossen. Wir frieren, Mädchen, frieren
Uns zusammen. Die Tage verrotten,
Es ist wahr. Die Straßen

Unterm Fuß sind Friedhöfe,
Die Bäume Kreuze,
An denen Schnee hängt.

Simone Kathrin Paul

bin Liebende bis ins Gewebe längst

hat mich dir was verbunden, etwas zieht
mich wie ganz fest zu dir bis überm Riß
des Abgrunds noch, den
wie ein wildes Tier die Leine – flieht
ein jeder doch, ders kann im Bungeesprung –

allein, wie nicht vergessen, daß ich ohne dich
und doch mit dir durch Jahre fallen konnte
wohin ich wollte, ungezähmt
bis daß mich Stolz
jetzt nicht mehr halten kann und will –

kein Aufschrei –
der erschreckt macht, daß wie Wild
zurück vor nächtlich greller Fahrbahn
ich noch scheute?
was auffliegt, flieht auf seine Weise

wann hing ich so
an einem Lebensfaden –

ich fall zu lieben
ab von jeder Rolle …

Leonhard Lorek

Ein Hoch auf die Königin

Morgen vielleicht, oder Montag, oder die Jahre darauf, sind wir alt.
Beide alt. Ob wir wollen, oder nicht. Wie der König, dem die Königin
verspricht, ihn zu überleben. Ein König weiß maßlos zu wünschen.
Wie du. Und ich. Bald. Morgen. Oder Montag. Oder die Jahre darauf,
sind wir alt. Beide alt. Ob wir wollen, oder nicht. Wie der König, dem
die Königin verspricht, ihn zu überleben. Sie wird. Wer weiß wie lange.
Sie weiß wofür, und: wie die Zeit vergeht.

Ute-Christine Krupp

abgerissene Blumen, Fototapete
mit Bucht

eine
Stimme weht ins Zimmer kurz
der flüsternde Händler am Ohr Worte
dreimal hintereinander eingefädelte
Angebote, im Straßenknäuel wechseln
die Stimmen der Geruch, Tomaten in den
Pfützen sonntags die verlassenen
Plätze, Ablaufrinnen im
dämmrigen Licht das Handtuch vor den
Schamhaaren, entkleideter
Blick
Verschiebung, Haare angeklebt der
Geruch geteilter Zigarette dann nur noch
Gesicht und Hände
unbedeckt, abgeblätterte
Marienbilder, Minarette
als Orientierung, Richtung die
die »Taksis« nehmen, in den Seitenstraßen
verschwitztes Licht und Tier-
kadaver aufgeschlitzt

Thomas Kling

kopfständerleine

bei vorfahrendm wahrschauer:
geflößt, ein stygisches runter-
containert.   di eingef-
lößtn gehaspeltn aus der zizzntasse
sprachn; pelikänin, schnäbelnd, di
sich di brust öffnet, ihre brut zu
(*flößn*) DAS FLOSS IST IN DER FLÖSSER
SPRACHE WEIBLICHN GESCHLECHTS. also
geflötete ammenkommandos:»hintn muß sein«,
»raus muß sie«,»eingebrennt«,»laßt sie
nit verfalln!« undsofort.
                         geflößte
ammenkommandos über verdämmerndn,
allnfalls geflüstertn noch bettn; schwestern-
haube und -hand di tasse schnabeltasse zum
totnloch führend (*flößend*); ihre leichthin-
flößersprache, eindringlich zirpendes drüber-
hinpelikanen:»zengelnägel«, schmeichelts,
»döpperfäßchn!, forgenbohrer!« sprachcontainer
der durchs sterbezimmer geht DI FLÖSSEREI-
SPRACHE/VERATMENDER ABSPANN / KANN NOCH IMMER
NICHT ZU DEN KLASSISCHN GEZÄHLT WERDN

Hans Arnfrid Astel

Aus Leibeskräften
brüllt er ins leere Weltall.
Man hört ihn nicht weit.

Gerhard Falkner

Iphigenie

umstellt von der Nacht
mit dem Viehblick
mit dem gestotterten
dem geradebrechten
Trinkspruch
auf die blutige Tauris
mit dem buchstäblichen
Dreitagebart
des Jünglings
der den Stier
bei den Hörnern packt
während die Nacht
die durchgelallte
stiernackige
auf Iphigenie
einstürmende Nacht
vor der Küste
die Schritte des Königs
zerschmettert

Wolfgang Dietrich

Das Bergwerk

Da sind Metallwürfel,
der Glindegrund, auf Schienen gestellt.
Dein Herz saust durch einen Stollen
dunkel, dunkel zu mir.
Vom Fleisch kippen
wir schräg in die Seele.
Alleingelassen, seh ich dann und wann
Eisenkarren unter Segeln
die Halden hinauffahren und 'runter
den tauben Erzstrom.

Sie gondeln mit blendenden Toten,
Frauen mit gestorbenen Zöpfen,
mit jungen Männern, verheiratet mit Richterinnen,
mit Mörderinnen, als Krone einen Salzblock.

Am Zaun haust ein Löwe, mit klopfendem Schwanz
liegt er, ein dunkler Laut spannt seine Rippen.
Er blickt verletzt und trabt
dem Lager zu, wo du liegst
im Schurz einer Steinzeitfrau.

Ich weiß, ich kenne dich – ertaste dich öfters,
so glaube ich, deine Achseln haben dasselbe Aroma
wie dein Schoß, gleichmäßig und klassisch,
denn dein Gesicht ist golden,
denn dein Lager ist golden,
als er dort hintritt und wühlt.

Thomas Kling

schwere zungn

zungn, hunzlappm – wovon so schwer?
zungn, die herangerast kommen, speichel-
ränder, zahnstände, ohne unterlass. die auf-
jaulen überm porzellan, familien-meissner. der ihre
wangen heut: wie porzellan!, so fahlbelegt die zungen!
zügiges einstampfen unter schlappem licht. die schwere
salzgrauer weiden, vierschrötig, geduckt und abgebro-
chen. draußn wie drinnen wird gedroschen. thee, kaffee,
hochdosiert. hirnbarren, kopf wie zugepappt: das ist
die klebe, sprachklebe. schmutzige barren aus wachs,
verflüssigt, wie weidepfähle, *kamppöhle*, reingetrieben,
splinter in meiner stirn! der kopf? windschiefer pferch,
da haben wollereste sich verfangen, salzgraue wolle, in
der batzenweise noch schafscheiße klebt. durch diesen
dreckstall, fegt ein brausen, insektenschwarm, gefangen,

der nicht weiter weiß! ein ziehen, draußen, wie von
namen, zugige flurnamen. wüstungen, familienforste,
über die meine augn gehn. verkommene köpfe und kinder,
da draußen. draußen, wie drinnen: die namenwüste, über-
braust. abtastbare schatten. blickschaum, der sich an
den rändern findet und der hält. der über
meine augen hingeht, über die kanten, kante:
mein mund und mein rand.

Oskar Pastior

gaumendünung

ei ei ihr von stühler pulpe
daktylische pocken auf sylts
kaleidoskopalen mulden
hellastischer illustration

hund hals die buhnen wauten
da war's im gänsemarsch
daß knöchelfrei und ginster
wir zogen uns daumen im watt

doch an die d-zug-türen
wer knallte den schichtenbau?
der benn-eidetisch vergorne
der asteroiden sah?

ich maulte phonem und amen
von einem andenkaff
von billy und mandscharo
von propusk und rachenschaft

hund hals zyklamen wuten
da war's vom ziegenstall
daß high noon ich synapsen-
de daumen uns schnappen sah

nach dünen hier o glyphen
nach knappen weichen dort
indes brennt an o mir schwante
wonach der meerschaum pfiff

Johannes Kühn

Die Glatze

Es bete keiner meine Glatze an,
ich habe sie geprüft.
Ich bin durch sie nicht weiser,
nicht gütiger,
nicht listiger.
Schön, sie gleicht dem Mond.
Ich brauche keinen Kamm.
Auf ewge Zeit bin ich frisiert.
Kahlkopf, komm herüber!
Keiner rief mich jemals so.
Mein Alter ist nicht biblisch,
ohne ein Sterbenswörtchen fielen meine Haare.
Am liebsten geh ich in meiner Stube
als Tapergreis von Stuhl zu Stuhl
und denk an meine Jugend,
da haben wir gehört,
wie einer klug sei,
der eine Glatze hat.
Es bete keiner meine Glatze an,
ich habe sie geprüft.
Ich hab acht Hüte,
die sitzen maßgerecht
bei jedem Wetter.

Grabung

Volker Braun

Der Totenhügel

Cäsar sah fern vom Tumulus
Der Seeschlacht zu *Barbarenschiffe* Angstschweiß
Eines Großen der Geschichte macht *Es kam dann*
Auf die Tapferkeit an und Sichelstangen
Die die Rahen herunterrissen samt den Ledersegeln
BELLUM GALLICUM der gewohnte Golfkrieg
Vor den Augen des Landheers im Küstenkino
Und die Windstille
So entstehen Weltreiche / Ich sah sie fallen
Auf seinen Knochen stehnd dem Führerbunker
Grothewohlstraße im anderen Deutschland
Der überraschende Landwind in den Korridoren
Ein Lidschlag der Geschichte gegen die Verblendung
Taumelzaudernd DER TANZ AUF DER MAUER
Die Mauerspechte mit den kleinen Hämmern
Die Volksarmee sah zu das Heer der Arbeitslosen
Eine Minute in Meiner Zeit

Oskar Pastior

1940 / 1941

Simrock, La Jana
Scholten / Schorsten – das Goldene Lamm
Gurkensalat und Kessel und Fähnchen
Blaupunkt/Signal

Gebirgsjäger mit Rühmann und Lumpi
Traven – Jud Süß
Ohm Krüger – Katyn
(Gewerbevereinssaal)

175

Most, Ochsen, Marsrakete
Welt ohne Schlaf
Ein Ding wie tausend Wale
Du und die Physik

Karl Krolow

Geschichtlich

Eine ungewohnte Folge von Konsonanten:
laß sie mich aus Wut zischen -
es geschah zuviel, ein Singspiel
aus Vokalen wäre jetzt unglaubwürdig.
Zu viele verschenkte Pässe.
Geschichte jagt vorüber
mit einem hysterischen Kehllaut.
Die Stimmbänder wurden wund
von Ereignissen. In den Straßen
sammeln sich schon
die Auf-die-Straße-Gesetzten.
Wer nach Worten sucht,
wäre jetzt unglaubwürdig.
Die totale Verwirrung
kennt nicht Hand und nicht Fuß.
Zuviel Vereinigung. Einigkeit
hörte sich gut an im Lied,
das man lieber gar nicht erst anstimmt.
Sie kommen direkt aus dem Singspiel,
in einer Strophe versteckt. –
Eine Folge von Konsonanten
zischelt sie aus
mit hysterischem Kehllaut,
geschichtlich.

Karl Mickel

Grabung

1
Und wieder ist ein Aergernis erschienen
Gabel stoeßt er pfeifend in Salat
Trueb ist das Wetter und es herrscht Geheimnis
Mit Woelfen heulend heulte ich gar zart

2
Aendere die Welt, sie braucht es
Wozu die Welt aendern, mit etwas Schnaps
Vergißt du die
Alexander und Heinrich und Caesar und Friedrich die Großen
Konnten die nicht bei einer Frau
Sitzen, und so

3
Tuskische Goetter! Der Ostblock zerbroeckelt
Unter mein Arsch

Kito Lorenc

das kleinere übel

wie es glimpflich grinst
wenn es tag für tag
über deinen horizont geht
und flunkert im stübel

der unausrottbaren wurzel
entspreizt es sich kumplig
als ein notwendiges das du speiend
wiederwählst vor dem kübel

bis Matthäi am letzten
wo es harsch mit grundeis
dich übergibt an das größere
samt strick haken dübel

177

Christoph Meckel

Geschichte

Was denn – kein Weltuntergang seit hundert Jahren!
Die Schiffe verbrannt, die Waffen vergraben
und die Töchter der Könige sind alte Damen.
Lang, lang vorbei – und ich, weit hergekommen
       soll hier die Toten auf den Karren laden –

Robert Gernhardt

Gut und lieb

Kommt, das gute Brot des Nordens
wolln wir stückchenweise braten
in dem guten Öl des Südens,
wie es schon die Väter taten.
Von dem guten Wein des Westens
trinken wir, dieweil wir essen,
um die liebe Not des Ostens
schlückchenweise zu vergessen.

Werner Laubscher

Intrada

Als ob von Fahlheit
ein Geruch
und es sinke
ins Feld eine Feder
als sei ein Hagelkorn
das ins Augenfeld fiel
als sei ein Eisdorn
gewachsen stechend
in den Muskel und
als seien

Harsch und Firn aufgelesen
beißend zum Wurf
diesen Feind
wirst du haben
zum Genossen dir
aus Höhen starrend
wird er herabsteigen
in stetem Schreiten auf anderen Wegen
kommen vermummt
um andre Ecken
entlang der Grenze im Schlaf
herniederzufahren klirrend
in die Zeilen
die du schreibst.

Ludwig Harig

Mainzer Gelb

Die Farben blauweißrot, dazu, als wahrer Kern,
das Gelbe, das erstrahlt auf Rostra und Empore:
im Mainzer Karneval regiert die Quadrolore,
sie weht im Narrenzug und über Knecht und Herrn,

Obrist und Präsident, Bajazz mit der Latern,
Prinzessin, Hinz und Kunz, Minister, Monsignore.
Wenn nicht das Schandgelb wär im fröhlich dreisten Chore:
der Hure gelbes Kleid, des Juden gelber Stern!

Das Gelb ist Neid, ist Spott im festlichen Bombaste.
Es glänzt und triumphiert im bunten Farbenreigen,
kann weder die Idee noch ihre Macht verschweigen.

Die Quadrolore blüht an ihrem weißen Maste,
entfaltet ihr Getüch, wird gelb und immer gelber,
zerflattert und zerfetzt und spottet ihrer selber.

Wilhelm Bartsch

Pilzgericht für Prometheus

Stoj, Prometheus! Kau-Casus der Pellkartoffel, ErSchöpfer
Der gedünsteten Zwiebeln, Speckwürfel und Sotter der Pilze!
Papillarissimus Unser, Riskierer von Weltbrand und Wodka:
Stoj i spassibo! Stammt doch das flockigste Rührei samt Würze
Deiner Revolution ab: Krumen der Totentrompete.
Oder im Hexenkreis tanzten reißzweckengroß auf der Sode
Nelkenschwindlinge, wo des Machtdoktors Namenlos Grund stückt
Und mir Poet alias Postfrau die Pilze statt Trinkgeld parat warn.
Oder wo Giftbomber starteten gegen die Kerfe der Erde –
Deine Geier, Prometheus! – : Roh riß ich die Pilze vom Rollfeld,
Schlundete lohheiß die Schwämmchen voll Kerosinkraft und Kali.
Oder es ging mir ein Licht auf mit Aufschmatz des Glases vom Laden
»Fruktij lessij« nahe Moskau voll schmackhaftem Unrat aus Erden,
Das dein Freund in Freßeinverständnis und Feuer und Fährnis
Hertrug für fünf Minuten der Freude – Stoj, Pilzkopf Prometheus!
Wohin willst du, befreit und kreuzweis patronengegürtet?
Iß ein letztes Mahl mit mir hier und schreib das Rezept auf!:

Wo dein Kampfknast am Waldrand verweste, wuchs Leckerbiß auch:
Niemand stakte in Stalkers stockendem Sumpf sonst, wenn nicht
Mich auf herrlich hungerndem Pilzschaft hochsitzende Liebe
In dies Abseits torkelnd tanzte: Gefällt unter Birken,
Rollten wir aus auf Kippen, Kackesorten, Zeitzungen.
Morsche Mauer vor mir, griff ich in Maden aus Messing.
Pilzduft! Hör, Prometheus! Pulverdampf all der Scheiße
War er und sahn wir im Liegen die harten aufstrebenden Schwänze,
Weiße und dunkelgeschuppte und jeder vollkommen beHütet! -
Keiner von uns, auch du nicht, Prometheus, wirst in dem Buch stehn,
Das in Paris die bedeutenden Esser der »Blutente« zählt, doch
Du bist einer von Dreien, die das Schmackhafteste aßen:
»Birkenpilz auf Sowjet-Schutt und -Schiß«, und wir Köche
warn des Chaos' Poeten: Mehrere Heere, Armeen
Schneide man aus Asiens gewaltsamem riesigem Rücken,
Kröpfe mit Kascha und Knoblauch und Kraut sie und räuchre mit Knaster
All die Kämpfer. Angstschweiß Geschlagner auf russischen Recks und
Heimwehtränen von Glatzkopfknaben und »Prawda« und Wodka,
Wodka und »Prawda« – und Wodka! – sei dieses Pilzgerichts Lake!

– Alles verscholl mit der Truppe. Uneßbar nun suppt in den Tümpel
Nur noch ein von Zyklopen gasbetongeblasener
Riese altstinkender Tünche aus Blut. Stoj, Prommi, mein Alter!
Geh! Halt die Hände ums Flämmchen wie damals und schmecke das Beste!
Kann ich, dein Mensch, dir noch jemals so stramm die Georgica lesen?

Marian Nakitsch

Dunkelheit

Die Sonne verließ den Himmel,
und das Antlitz der Welt verschwand im gewöhnlichen Dunkel,
das uns getrennt hält.

Gott ist fern, schwierig. Wir Söhne Kains
machen es uns einfach
mit Blei,
und plötzlich, während der Feuerpause, entbehren wir des Ziels.

Ulla Hahn

Für

Gott und alle Engel sollten ihn schützen
Wen   Den der da liegt   Wo liegt   Wo
Gras wächst   liegt er wie man so
auf Wiesen liegt   die Beine ein wenig
gespreizt entspannt   die Sprache
eines Körpers der schläft   die Täuschung
einer Sprache des Körpers der da liegt   Wo
sein Helm liegt   blau   in den Blumen
von denen ich nicht einen Namen weiß
wunschlos traumlos
nie wieder ein Verlangen nach weichen Versprechungen
nie wieder auf roten Tigern über die Champs-Élysées
liegt er

unter dem hohen Warnruf des Vogels
den er nicht hört   In seiner Mulde
zwischen Schlüsselbein und Schulter ein Körperchen
von einem Zoll gebundene Füße
ausgestreckte Arme männlich nackt
auf einem Sterlingsilberkreuz   liegt leicht auf dem
der schwer im Gras liegt   die Augen   weit offen
als suchten sie den Himmel ab   Stechmücken
fliegen hüfthoch auf in einer losen Wolke
zerstreun sich im Gestrüpp   purpurn orange violett.

Harald Gerlach

Legnica

Die Mongolen gewinnen immer
alle Schlachten und bleiben die Verlierer
der Geschichte. Da weiß auch die heilige
Gertrud keinen Rat. Ihr Sohn, angesichts
der Schlitzaugen, kehrt in den Mutterleib
zurück. Da steckt er noch jetzt.
Mein Freund Bialek gründet seit
Jahren eine Gesellschaft der Pilzfreunde e.V. –
ich bin sein Ehrenmitglied; er leitet
mich an, ich kassiere ihn ab. Oder
verwechsle ich das mit den Nutria-
Züchtern? Dobsche, dobsche, trala.

Bialeks Zweitfrau Elzbieta ist ferkelfarben,
polnischblond und bohrt die hohen
Absätze ins Armaturenbrett; so bringt sie
uns durch: in Liegnitz, im Stadtwald,
im Kleinwagen Fiat 600, den man danach
immer anschieben muß.

Johannes Kühn

Stiefelklang

Stiefel höre ich wie Schuhe als etwas Selbstverständliches.
Arme Leute gibt es immer weniger,
die sie hören auf Treppen
und hören donnernde Geschosse mit
oder des Feldwebels Stimme:
Vorwärts!

Angst
hab ich nur,
daß mir aus Versehen einer
auf den weichen Lederschuh tritt,
weil ich als Sonnengucker
mit Brille immer leicht geblendet bin.
Ich habe in guten Zeiten gelebt
und war nie im Krieg,
ich hör keine Schüsse beim Stiefelklang.

Günter Kunert

Mein Beitrag zur Geschichte des Balkans

Einmal als ich
auf einer Landstraße in Bulgarien
ein Huhn totfuhr.
Ein Lastwagen mit Landarbeitern
folgte mir und mit großem Jubel
meiner eilfertigen Untat.
Winkende Arme Grimassen Gestalten
im Rückspiegel anhaltend schrumpfend
mit einem weißen und blutigen Fleck
am Boden innig befaßt
jahrhundertelang.

Heinz Czechowski

Mein Westfälischer Frieden

Eine lastende Müdigkeit, vermischt
Mit Lachsalven, Himmelsgewölk, darin,
Aufblitzend, Gucklöcher
Ins Jenseits: Bier und Korn, Holländisch
Als Fremdsprache Numero eins.

Einmal,
Man hat es vergessen,
Wäre Westfalen
Fast eine niederländische Provinz
Und damit spanisch geworden.

Aus dieser Zeit
Ragen bestenfalls noch ein paar Kirchen
Ins platte Land, wo sich,
Freilich sehr selten,
Hünengräber aufwölben
Und, wiederkäuend,
Der Segen des Landes
Sein Scherflein dazugibt.

Manchmal freilich an heißen
Sommertagen trägt der Wind
Den Gestank von Schweinekadavern
Durchs Fenster. Zwischen den Scheiben
Tummeln sich Schmeißfliegen, Blautannen

Bewachen den Rasen
Vorm Riedhaus des angeblich größten
Schweineschlachters Europas.

Einmal soll auch hier
Der Traum von der Gleichheit
Geträumt worden sein? Geblieben
Ist davon nichts mehr,
Als eine Vision
Der Vielweiberei,

Wenn sich zum Schützenfest
Hinter der Alten Post
Die Leiber vermischen.

In einer Nische
hinter dem Altarbild
Grinst zahnlos das Conterfey
Krechtings. Manchmal

Träume auch ich
Ein paar Jahrhunderte später
Den Traum
Von meinem westfälischen Frieden.

Jürgen Becker

Chronik

Der Himmel heute ist klar. Ein Wetter für
Bomberpiloten. Gleich brechen sie auf, oder erst morgen,
die Blüten des Rhododendron.

Die Wiesen sind trocken. Am Wiesenrand
stehen Männer und schauen hoch in die Luft, in der
sich der Bussard kreisend entfernt.

Dann macht sie das Fenster zu, die älter
werdende Frau, der unten im Hof der Geländewagen
gehört, mit Seekarten auf dem Beifahrersitz.

Jan Koneffke

Aus: Wilhelmstraße

Beneidenswert wer
einen Zementmischer in seiner Wand fand
Weltalter haltende Bierdosen
und keine Leiche in diesen

Betonschachteln er klopfte an
sein ewig behindertes Bein
hinkte in unseren Traum
seine Radioschnauze
stieß an unsere Ohren er
lebte als Schimmel im Bettzeug
pochte im Rohr kam
aus Abfluß und Abfallkorb Schaum
knirschte in Strippen als
Kauderwelsch redete er
wenn wir redeten mit keine
Ritze in der er nicht nistete wir
begegneten zahnlosen Monstern
mit Wachturm im Auge
in Ehren erblindeten Grenzhunden
am Gattinnenarm und in seiner
Begleitung der zischelte
weinerlich war nie bestechlich
nicht zu beseitigen mit
keinem Staubsauger Essigessenzen Herr
mausgrauer Leutseligkeit er
vermehrte sich Tag um Tag
lauernder heimlicher feuchter ansteckender
Haß

Elke Erb

Unterkunft in einer Flut

Wie ich so denke, daß man anderes warten läßt
(»Laß alles stehn und liegen und komm!«
(»Geh ruhig, laß alles stehn, ich mache das schon!«),

etwa den Haushalt, – wie auch wir einst, als Sorge,
als Kind zu warten hatten, die
Intervalle zu überdauern, –

während ein Fluß nicht wartet,
während aus dem in den Adern fließenden Blut
ein Trieb aufsprießt, ein Tulpen-U, Kelch –

als ich denke also, daß wir so warten lassen
ja, wie wir gewartet wurden, so warten lassen
später ewig im eigenen Reich

die Kundschaft Liebschaft Vergißmeinnicht
Briefschaft eins wie das andere Gerechtigkeit
walten lassen, entbehren –

wie uns der Haushalt einst auf immer und ewig
verwartete, wie uns Küche, Wohnung, gar Garten
zwangen zu warten –

eins wie das andere ein halbes U
eine Welle im Stillstand – und wieder belebt
eine Tulpe durchschnitten und wieder ein Kelch,

als ich das überdenke, in der Totale,
allein hier diesen Nachmittag unter dem Himmel,
auf die Nahtstelle richte den Blick, die Passage,

da gleitet, gleich einer Antwort, unter die Augen,
so daß sie nur noch zuzusehn brauchen,
unterrichtend lautlos, doch wundersam

ein Flügel her, wie ihn die Engel haben,
und fügt sich an einem Menschenleib
– und Unterkunft finden

demnach die Intervalle, die Wartezeiten,
Schnitte und Staue, Entbehrungen, Teile, Stillstände, Wechsel
in unaufhörlicher Wellenflut.

Joachim Sartorius

Haken & Augen

Im Meer auf vier gläsernen Krebsen
stand der Pharos, ein Wunder der Welt.
Ganz aus Glas waren die Tiere, 20 Fuß tief im Wasser,

und so groß, daß ein Mann, selbst ausgestreckt,
eine Schere nicht umfassen konnte, berichten
übereinstimmend viele. Es mag daher stimmen.

        Vom Leuchtturm
ist nichts auf uns gekommen, vom Glas der Panzer
schimmert noch heute die See. Wir glauben daran,
diesem Schimmer zuliebe, und daß der Hafen
als Zone extravaganten Bauens ausgewiesen war.
Pläne für eine neue Bibliothek belegen es, großmütige,
mit Türmen aus Eisen und Kupfer unterm Meeresspiegel
und einem Schacht bis nach Zypern. Der Krieg dann
mit Pergamon über Papyrus und Bücher kam teuer
und vereitelte vieles.

                Viele Hirngespinste. Viele Lieben.
Sie gingen wie Augen aus, schrieb der sentimentalische Freund
des Dichters. Ein Landgang auf kallaweißem Fickbett
(»und versprich mir zu sagen, wenn es kommt«)
endete in Scherben, in schwarzen Bremsspuren
am Kai. Und nirgends ein Hinweis,
was die Lippen und die Haut erinnerten, außer
in seinen Versen, die mit sich selbst beschäftigt bleiben,
und aufgeregt, zu dieser Zeit der Nacht.

Manfred Peter Hein

Jenseits nördlich

Jenseits nördlich dies mein Schlagschatten sag ich
und sah was nicht wiederkehrt
im plötzlichen Licht
mich selber

Dickicht randlos dem ich das Mal errichte
aus Wörtern Steinen
                Flagge sah ich sie
zeigen Rauch steil über den Himmel
gespalten der Blick

Noch findet Gehör der Strom ein Echo
der Stern Totes sein Grab
Sehnsucht nach Schnee
die reine Fläche

Diesseits was abtaucht mein wüstes Verlangen
Zyklon der sich sammelt
                              Sprecher der Toten
kopflos lidlos ins Bild
hängt der Blick

Rolf Haufs

Nun freue dich

Es kam ganz anders. Kaum dem
Zug entstiegen Wandlung und Klingelbeutel
Die Perlen verpfändet den Erlös
Umgesetzt in kleine Betrugsmanöver
Die Stadt besetzt von fremden Heeren
Fror zu. Überall Fangeisen. Einmal
Gesungen schon flogen Pfeile
Unter den Kleidern geschmuggelte Ware
Auf zum Schlachtfest! Wir
Feiern. Wir halten durch.

Gerhard Bolaender

Immer zu sagen, Rosenkranz

Der Nebenkaiser spricht. Es lebe Gott
der Geist. Im Vorderflur kehrt Friede
die Madonnen. Die sanfte Nahrung
mischt die Landschaft auf

Blank wandert frisch der Atem über
die harten, schönen Waren. Der Gipfel sieht
die Brücken in die Fallen stürzen. Es war,
es ist die höchste Zeit

Günter Herburger

Die Heilsarmee

Flatternde Briefschaften,
vielleicht von Starobinski
und Saussure geschickt
vom Genfer See,
zurück in eine Zigarrenschachtel,
nachdem taube Tauben
über einem Becher schwebten,
gefüllt mit Milchkaffee.

Seid, sagen die zwei Gelehrten,
nicht so ehrgeizig wie wir,
bewahrt Grammatik
und Geschichte nur,
um wieder zu lernen,
wieviel Kühe
einen Sommer lang
auf einem Hektar
Futter und Platz finden;
weshalb eine Taschenuhr
keine Zahnrädchen mehr braucht,
nur noch Trockenbatterien;
wieso die Namen
der Sternzeichen am Himmel
töricht geworden sind.

Schläge von allen Seiten:
Auch Kinder,
inzwischen großgezogen,
fallen in einen frühen Zustand zurück.

Bysmertnich,
eins Minister Ohnmächtig,
geht ohne sein Stützkorsett
vorüber und ertrinkt
in einem Teich.

Emmi Nöther,
eine Mathematikerin
für prismatische Haufenzahlen,
stirbt an Asthma,
was ihr prophezeit worden war.

Eine andere Dame,
die ebenfalls Wild sein könnte,
weil sie Schwitters
gleichsetzte mit Müll,
bricht sich ein Bein;
und Ernst Jünger,
bisher ältester Schriftsteller
unseres Lands,
legt sich, wie jeden Morgen,
in das kalte Wasser
seiner Badewanne,
um noch später zu sterben.

Nur ein Säbeltiger
aus der Jungsteinzeit klagt,
obgleich Wirtsvögel
ihm Ungeziefer
aus dem Fell klauben,
sich hierher verirrt zu haben.

Benzin wandert scheu
zu Kadavern hinunter,
deren Öl sich anstrengt,
die Kruste zu sprengen.

Seither beginnt Eifer:
Lippenblütler werden

mit Sarkomen gekreuzt;
ein alter Blauwal,
den es nicht mehr stört,
daß eine Fernsehstation
auf seinen Rücken gepflanzt wurde,
sendet von Küste zu Küste weither;
nur Marbot,
ein wißbegieriger Käfer,
bekannt als Hildesheimer,
wird nochmals eingefangen,
damit Störungen,
die zu laut wurden,
sich nicht wieder einigen
mit dem langsamen Schlag
der Ozeane und deren Erbeben.

Volker Braun

Die Bucht der Hingeschiedenen

Bewohnt vom Wetter und der Salzflut, ist die Bucht der Sammelplatz der
Hingeschiedenen. Es spült sie an aus ihren gescheiterten Lebensläufen
und Rinnsalen, von ihren zerborstenen Booten, deren Kiele aus dem Grund
ragen. Seit Menschen gedenken liegen sie da zuhauf, *kleine Dünen
knochenhellen Sandes,* und machen nur widerwillig tiefer sinkend den
Neuankömmlingen Platz, die über sie geworfen werden. Sie sind eben
nicht *begraben.* Sie warten, solange sie noch ihre Knochen oder Gedanken
beisammenhaben, übergesetzt zu werden auf die Inseln, welche nur die
Glücklichen erreichen. Diese Sucht erfaßt uns alle sofort, wenn wir hier
landen. Die Glücklichen sind die, die recht behalten im Leben beziehungs-
weise im Tod. Ich erlebte diesen Triumph: als wir Gescheiterten, lange
nach unserem Untergang, emporgetragen wurden, *ins Recht gesetzt* von
der Geschichte. Wie trunken, berauscht lagen wir in der unverhofften
Flut. Die Strände bevölkert von den heiteren Millionen! Aber wo wir auf-
tauchten, schlug uns bitterer Zorn entgegen. Feindselige Blicke, die uns
Ungerufene abwiesen. Was hatten wir uns vorzuwerfen? Was war unser
Verbrechen? Daß wir die Welt, die hinweggeschwemmt wurde, verändern

wollten. Jetzt antwortete uns Hohngelächter. Wir waren die Verräter, die ihr Hoffnung gemacht hatten. Das war das Schicksal vieler Toter, indem die Geschichte, in der sie siegten, nicht mehr vorhanden war. Jetzt waren wir der Abschaum. Verrückte Welt: jetzt waren wir schuld, die sie bekämpft hatten, daß sie bestanden hatte. Wir lachten glucksend in der Brühe. Aber die Rettung nahte, man baute uns eine Brücke zu den Inseln. Geht, sagte man (jeder kennt die Stimmen), geht uns mit eurer Hoffnung. Gesteht, daß ihr tot und verraten seid. Das waren wir ja. Wir atmeten gierig auf. Sie ist rot, sie ist blutig, schwört ihr ab. Begrabt diese Fahne. *Es wird nie anders werden.* Und ihr werdet zu den Glücklichen gehören, die von der Bühne gehn mit Applaus. Wir lauschten den Worten, die so leicht gesagt waren, und sahn zu den Inseln hinüber. Dort würden wir Ruhe finden. Wir könnten die Sache begraben. Wir hörten unser Lachen, und ein Gurgeln wälzte sich in der Bucht. Die Toten sahn herauf mit toten Augen und, natürlich längst, angehaltenem Atem. Ja, sagten wir, es war falsch. Und wir sind schon hinüber. Aber es war es nicht von Anfang an und nicht für immer. – Wie, ihr Unglücklichen, ihr wollt euch nicht retten lassen. – Nicht unter dieser Bedingung, nicht um diesen Preis. Das sagten wir und spürten, während wir noch lachten, wie wir tiefer sanken, auf den Grund zu den Verlorenen, nicht Entmutigten, und ich gebe es zur Kenntnis.

Playback

Ludwig Greve

Playback

Als ich zurückkam, hieß es
Deutschland nicht mehr. Zu Hügeln geschichtet
lagen die Häuser, überwachsen; wo eine
Zeile noch standhielt, zog es
durch die Guten Stuben. Aber zur Frühschicht,
lange vorauszuhören,
rasselte pünktlich die Straßenbahn,

und was da ausstieg, die Schultern hochzog,
waren das Narren? Ja, man feierte,
ob es Notdurft auch mit dem Flitter aufnahm,
wieder Karneval. Hier
mußte es sein, so dicht war nirgends

die Unkenntlichkeit. Wo
unser Name getilgt war, durfte
ich wie irgendein Fremder
Luft noch einmal holen? Ich tat es.
Hing sie voller Schwefelgeruch der Fabrik, war
nichts dabei; doch das feuchte
Wehen, morgens, löste so etwas
mir in der Kehle, langverhohlen, als könnte ich
noch auf dem Schulweg singen,

freihändig radelnd. Die Mitbewohner
hinter den dünnen Wänden
merkten nichts, ich hatte Übung im Singen
mit geschlossenem Mund. Als Nachbarn
grüßten wir auf der Treppe

und wenn einer so mit zwei Fingern
an die Mütze tippte, feldgrau, mit Schirm, ich
fuhr nicht zusammen. Andere Nachbarn
suchten mich heim – die nackten
Menschen in Reih und Glied, daß ich meine
Wärme mit ihnen teile, und dann die nackten
Wünsche ohne Gesichter.

197

Richard Leising

Auch ich

Auch ich trug es stolzgeschwellt, das Hitlermesser
Ein ganzes Jahr und wenig mehr
Das mit der Blutrinne in der Klinge, ich trug es
Ehe ich es vergrub in die Erde bei Floßmühle
Als da die Russen kamen mit Liedern
Die ich mitgrölte, auch ich

Ich war unter euch, die wir Steine warfen
Die ersten nicht, aber Steine, und auf die anderen
Auch ich tanzte Liebe Laurentia mein
Unter dem Bäumlein, sechsundvierzig, am Ersten Mai
Ein guter Mitwerfer gut mitlaufend, Mitbesitzer
Der einzig wissenschaftl. Weltanschauung, auch ich

Später mein Schweigen, ich kleidete es
In edle Wendungen, ich trug, bau auf, bau auf
Meinen Stein herbei zur Mauer, auch ich
Mitpächter war ich eines Meters Todesstreifen
Bin ich wahr, wenn ich in der Vergangenheit rede?
Von vielem bin ich frei, in nichts von Schuld

Und es ist wohl nichts als Glück,
Dass ich keinen verriet.

Heiner Müller

Senecas Tod

Was dachte Seneca (und sagte es nicht)
Als der Hauptmann von Neros Leibwache stumm
Das Todesurteil aus dem Brustpanzer zog
Gesiegelt von dem Schüler für den Lehrer
(Schreiben und Siegeln hatte er gelernt
Und die Verachtung aller Tode statt
Des eignen: goldne Regel aller Staatskunst)
Was dachte Seneca (und sagte es nicht)

Als er den Gästen und Sklaven das Weinen verbot
Die seine letzte Mahlzeit mit ihm geteilt hatten
Die Sklaven am Tischende TRÄNEN SIND UNPHILOSOPHISCH
DAS VERHÄNGTE MUSS ANGENOMMEN WERDEN
UND WAS DIESEN NERO BETRIFFT DER SEINE MUTTER
UND SEINE GESCHWISTER GETÖTET HAT WARUM SOLLTE ER
MIT SEINEM LEHRER EINE AUSNAHME MACHEN WARUM
VERZICHTEN AUF DAS BLUT DES PHILOSOPHEN
DER IHN DAS BLUTVERGIESSEN NICHT GELEHRT HAT
Und als er sich die Adern öffnen ließ
An seinen Armen zunächst und seiner Frau
Die seinen Tod nicht überleben wollte
Mit einem Schnitt Von einem Sklaven wahrscheinlich
Auch das Schwert auf das Brutus sich fallen ließ
Am Ende seiner republikanischen Hoffnung
Mußte von einem Sklaven gehalten werden
Was dachte Seneca (und sagte es nicht)
Während das Blut zu langsam seinen zu alten
Körper verließ und der Sklave gehorsam dem Herrn
Auch noch die Beinadern und Kniekehlen aufschlug
Gewisper mit ausgetrockneten Stimmbändern
MEINE SCHMERZEN SIND MEIN EIGENTUM
DIE FRAU INS NEBENZIMMER SCHREIBER ZU MIR
Die Hand konnte den Schreibgriffel nicht mehr halten
Aber das Gehirn arbeitete noch die Maschine
Stellte Wörter und Sätze her notierte die Schmerzen
Was dachte Seneca (und sagte es nicht)
Gelagert auf die Couch des Philosophen
Zwischen den Buchstaben seines letzten Diktats
Und als er den Becher leertrank das Gift aus Athen
Weil sein Tod auf sich warten ließ immer noch
Und das Gift das vielen geholfen hatte vor ihm
Konnte nur eine Fußnote schreiben in seinen
Schon beinahe blutleeren Leib keinen Klartext
Was dachte Seneca (sprachlos endlich)
Als er dem Tod entgegen ging im Dampfbad
Während die Luft vor seinen Augen tanzte
Die Terrasse verdunkelt von wirrem Flügelschlag
Nicht von Engeln im Säulengeflimmer beim Wiedersehn
Mit dem ersten Grashalm den er gesehen hatte
Auf einer Wiese bei Cordoba hoch wie kein Baum

Christoph Derschau

Ein dicker Mann geht einfach weg

Zum Tod des Poeten Günter Bruno Fuchs

Er ließ Sperlinge brüten
in der Mütze eines Straßenfegers.

Nun ist er tot der Meisengeiger
aus dem versoffenen Kreuzberg –
zusammengeklappt auf seiner Spielwiese.

Denk ich an den kleinen Jungen
der einen Herrn mit Hut
steigen läßt wie einen Drachen
kommen mir die Tränen.

»Der Abend ist da
was wundert ihr euch!«

Und so geh ich einfach in die Kneipe
und begieße meine einsame Trauer
mit viel ehrbarem Schnaps.

Helmut Heißenbüttel

Erlebnisgedicht Nr. 2 (Rollstuhlexistenz)

Alles in Dreiviertelhöhe (es leid sein nur in Dreiviertelhöhe zu sehen)
Auge in Auge mit Kälbern, Schafen und Pusteblumen
(Nicht vorstellen können je wieder auf eigenen Beinen)
Gefahrenwerden von Ida, Martin oder von wem immer
Alles in Dreiviertelhöhe, Auge in Auge mit Schafen, Kälbern und
         Fenstern (hinter einem Fenster eine ältere Frau grüßt lächelnd)
Dazwischen als Abwechslung Fernsehen: Tennisspiele am Rothen-
         baum in Hamburg und im Rochusclub in Düsseldorf und in Wimble-
         don in London über die Woche, Montags Peter Strohm, Miss

Marple Mittwochs, Sherlock Holmes Donnerstags.
Die Sonne, der Wind wie eh und je.
Erinnerung auch hier (an Hamburg, Osterkauf mit Ida und Erika-
straße mit Lisi) Gemüt ansetzend.
Herzenswunsch: dies alles in Vergangenheitsform umzuschreiben.

Dieter Roth

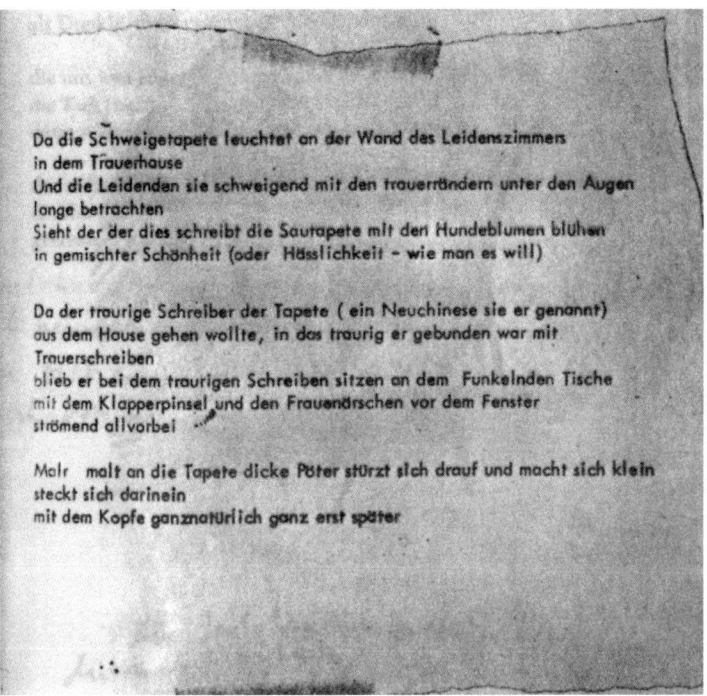

Da die Schweigetapete leuchtet an der Wand des Leidenszimmers
in dem Trauerhouse
Und die Leidenden sie schweigend mit den trauerrändern unter den Augen
lange betrachten
Sieht der der dies schreibt die Soutapete mit den Hundeblumen blühen
in gemischter Schönheit (oder Hässlichkeit - wie man es will)

Da der traurige Schreiber der Tapete (ein Neuchinese sie er genannt)
aus dem House gehen wollte, in das traurig er gebunden war mit
Trauerschreiben
blieb er bei dem traurigen Schreiben sitzen an dem Funkelnden Tische
mit dem Klapperpinsel und den Frauenärschen vor dem Fenster
strömend allvorbei

Malr malt an die Tapete dicke Püter stürzt sich drauf und macht sich klein
steckt sich darinein
mit dem Kopfe ganznatürlich ganz erst später

Clemens Eich

Die Art des Bösen

Wahrhaftiger Tonfall,
um sich verständlich zu machen,
abseits,
kaum zu verstehen,
kaum hörbar,
er treibt ins Schilf,
hingeworfene Salve,
um dann zu ruhen,
warten zu können,
bis einer der Vielen
begreift,
und sich nur umdreht,
vielleicht erstaunt.

Hermann Lenz

Zu den Fischen

Umschlossen von Algen,
Wartet der Fisch Jahrmillionen ab,
Bald ummantelt von Erde,
Die sich anschmiegt und hart wird,
Den Fischleib verwandelt in Stein
Und im Fels sich verbirgt
Am Rande des Tals,
Wo sich die Wasser verlaufen.

Anhang

Michael Braun

Ganz kleine Verschiebungen
Statt einer Gebrauchsanweisung: Elf Fußnoten zum »verlorenen Alphabet«

I

»Wie schön«, schreibt der Lyriker Dirk von Petersdorff in einem Brief an die Herausgeber, »daß Ihnen der Ehrgeiz, einer poetischen Tendenz zum Durchbruch verhelfen zu wollen, abhanden gekommen ist! Damit kann das geschichtsphilosophische Jahrhundert dann wirklich zu Ende gehen.« Das ist der ironische Zuspruch eines Autors, der in frivolen Provokationen seiner Zunft geübt ist. Sein Verdikt gegen »Geschichtsphilosophie« ist auch im Kontext einer Lyrik-Anthologie nicht ganz unbegründet, zielt es doch auf das Fortleben eines gewissen missionarischen Eifers, der unter Anthologisten weit verbreitet ist.

Einen lyrischen Kanon ganz aus dem Geist einer bestimmten Dichterschule zu stiften – das war schon in den achtziger Jahren kaum mehr möglich.

Doch zehrte noch das Vorgänger-Projekt dieser Anthologie, die Gedichtsammlung »Punktzeit« (1987), vom Pathos eines wegweisenden, zukunftsgerichteten Gedicht-Entwurfs gegen eine vermeintlich drohende »lyrische Restauration«. Bei aller pluralistischen Verhaltenheit waltete dort immer noch ein wenig lyrische »Geschichtsphilosophie«.

»Das verlorene Alphabet« lehrt dagegen die Skepsis gegenüber dem angeblichen Fortschritt in der lyrischen Materialbeherrschung. Am Ende des Jahrhunderts lauern keine poetischen Revolutionen mehr auf ihren triumphalen Auftritt; es dominieren die Reprisen, Rekonstruktionen, Übermalungen und kunstvollen Fortschreibungen. Und auch das Jahr 2000 wird, sofern nicht alle Zeichen trügen, keine Stunde Null für die Lyrik sein. Die neunziger Jahre in der Lyrik sind ein Jahrzehnt der Kontinuitäten und Ausdifferenzierungen, nicht der Brüche und Nullansagen; wir entdecken in den Gedichten mehr Wiederholungen und Anverwandlungen denn Revolten und Aufbrüche. Das große Berserkertum, sei's im Anschluß an die Beats oder an die anarchistischen Spätausläufer vom Prenzlauer Berg, ist in den Hintergrund getreten.

»Das verlorene Alphabet« versucht eine umfassende Bestandsaufnahme all jener poetischen Texte und Stimmen am Jahrhundertende, die sich durch ästhetischen Eigensinn und eine – stets gefährdete, fragmentierte, mitunter als schroffe Dissonanz erscheinende, gleichwohl trotzig behauptete – Schönheit auszeichnen. Poetische Schönheit kann sich im Gedicht in sehr unterschiedlicher Textgestalt manifestieren: als emphatische Beiläufigkeit (Elisabeth Borchers), als inständiges Benennen der Dinge (Michael Donhauser, Peter Waterhouse), als phantastisches Fabulieren (Günter Herburger) als Pathos der reinen Buchstäblichkeit (Oskar Pastior) oder als sprachmagischer Beschwörungsakt (Gregor Laschen). Zu den bedeutenden Schreibweisen und Dichtungskonzepten am Jahrhundertende gehören die melancholisch verschatteten Geschichtserzählungen von gescheiterten Utopien und abgebrochenen Biographien (Volker Braun, Heinz Czechowski, Kurt Drawert) ebenso wie die leichthändigen »Resumés« (Adolf Endler), die den Dichter bissig-selbstironisch in Legitimationsnöte stürzen.

Bei aller pluralistischen Offenheit für die unterschiedlichen Schreibtraditionen und Ausdrucksformen hat der Gerechtigkeitssinn der Herausgeber Grenzen; enzyklopädische Vollständigkeit wird ebenso wenig angestrebt wie ein wertfreies Nebeneinander der Gedichte.

II

Das auslaufende Jahrzehnt hat gleich zwei Versuche erlebt, in erbarmungslos unausgewogenen Anthologien neue kategorische Imperative der Lyrik zu verkünden. In seiner monumentalen Jahrhundertschau »100 Jahre Lyrik« (1992) adelte Axel Marquardt den Humor und die selbstironische Distanz des Dichters zu unhintergehbaren Stilhaltungen – alles der Feierlichkeit Verdächtige (Rilke, Huchel, Bachmann, etc.) wurde in konsequentem Lustigkeits-Dogmatismus aussortiert und verworfen. Von den Zeitgenossen akzeptierte Marquardt nur Robert Gernhardt, Ror Wolf und Oskar Pastior, gewürzt mit ein bißchen Enzensberger und Mayröcker.

Ähnlich finster entschlossen zur Selbstbeschränkung zeigte sich auch Jörg Drews, der unter dem einschüchternden Titel »Das bleibt« (1995) einen Lyrik-Kanon aus dem Geist der Wiener Gruppe vorlegte. Alle Autoren, die nicht als Adepten der alten Wiener Avantgarde und ihrer »experimentellen« Schreibweisen rubrizierbar waren, wurden von Drews zu Statisten degradiert.

Sehr viel wertvollere Vermittlerdienste haben zwei Anthologien mit internationaler Lyrik geleistet: Harald Hartungs »Luftfracht« (1991) und Joachim Sartorius'»Atlas der neuen Poesie« (1985). Jedes Gedicht, so eine Leitidee Hartungs, ist Transformation eines anderen Gedichts, es entsteht in permanenter Auseinandersetzung mit anderen Werken, durch zitierende oder parodierende Anverwandlung der Urtexte, durch artistische Überbietung vorgefundener Versrede oder durch polemische Abweichung von ihr. Diese Suche nach »Intertextualität«, das Verfahren einer Rekonstruktion oder Überschreibung von Urschriften, wird im Titel der vorliegenden Anthologie noch einmal aufgerufen – als ein Thema unter vielen anderen. Am meisten profitiert haben die Herausgeber von den alljährlichen Feldforschungen des »Jahrbuchs der Lyrik« – nirgendwo sonst werden die Metamorphosen des zeitgenössischen Gedichts so aufmerksam beobachtet. Als ein Glücksfall für die Poesie kann auch die seit 1992 erscheinende Lyrik-Zeitschrift »Zwischen den Zeilen« gelten, in der die substantiellsten Beiträge zu einer zeitgenössischen Poetik zu finden sind.

III

Jene stolze Selbstbeschränkung, die eine »maßstabsetzende Radikalität« (Drews) zeitgenössischer Lyrik allein aus ihrer forcierten Sprachreflexion ableitet, will sich die vorliegende Anthologie nicht zumuten. Denn ein Schriftsteller, so hat es einst Novalis in seinem berühmten »Monolog« formuliert, »ist wohl nur ein Sprachbegeisterter« – aber seine Dichtung verwirklicht sich nur als »vollkommen sinnliche Rede« (G. E. Lessing), sofern sie sich auch auf außersprachliche Sachverhalte bezieht und nicht im autopoietischen Selbstbezug leer läuft. »Ich kann«, so hat es der junge Enzensberger einmal ausgedrückt, »wenn ich einen Vers mache, nicht reden, ohne von etwas zu reden. Und dieses Etwas, so gut wie die Sprache, die davon spricht, ist mein Material.«

Auch in den neunziger Jahren unseres Jahrhunderts ist die Lyrik ein naher Verbündeter von Wissenschaft und Philosophie, von Kult und Feier, von Prophetie und Offenbarung, aber auch von Rätselspruch und zweckfreiem Spiel geblieben. Welche Sprachgesten und Schreibweisen, welche Vokabulare, Idiome und Stoffschichten dabei aufeinandertreffen und miteinander konkurrieren, will »Das verlorene Alphabet« dokumentieren. Dabei leisten sich die Herausgeber den Luxus, die einzelnen Texte nicht nach poetischen »Schulen« oder literarischen Frontlinien zu sichten und zu sortieren, sondern nach Motivbezügen zu suchen, lyrisch-ästhetische Gemeinsamkeiten und Differenzen zwischen den Texten aufzudecken, überraschende Korrespondenzen zu entschlüsseln. »Das verlorene Alphabet« betreibt also – in elf Kapiteln – eine poetische Konfrontationsstrategie: Durch den organisierten Widerstreit der lyrischen Schreibansätze, durch die gezielt provozierten Kollisionen der unterschiedlichen lyrischen Temperamente soll jener komplexe poetische Organismus erfahrbar werden, der als »deutschsprachige Lyrik der neunziger Jahre« nur äußerst abstrakt bezeichnet ist.

IV

Bereits zu Beginn des Dezenniums (1993) entwarf der schon zitierte Dirk von Petersdorff in polemischer Absicht eine repräsentative Typologie »junger Lyrik«, ein Gruppenbild mit fünf Dichtern, denen er mehr Defizite als Stärken bescheinigte: Jan Koneffke, Thomas Kling, Bert Papenfuß, Durs Grünbein und Barbara Köhler. Von Petersdorff selbst hat sich als energischer Verfechter einer Poetik der postmodernen Ironie zu erkennen gegeben – und er mag dabei Verbündete haben in Matthias Politycki, Steffen Jacobs oder Robert Gernhardt. »Der neue Mensch dieser Lyrik«, so von Petersdorff, »steht sich selbst ironisch gegenüber, spielerisch, freizügig... Unsere Lyrik wird der Komödie ähneln... Ich will ein luftiges Ich. Und Ironie, Fluktuation, Golf-Cabrio, Hellenismus, Glück: Was ist daran schlimm?« Die Botschaft ist eindeutig, die Reizwörter sind vertraut: Literarische Postmoderne als Spiel mit den Beständen, Ironie als Mittel zur Sabotage der alten Kunstreligion, Leichtigkeit und Fluktuation der Selbstbeschreibung und – ostentative Affirmation dessen, was politisch und kulturell der Fall ist.

Mit der naiven Wertschätzung der Postmoderne, dieses längst schon wieder verblaßten Phantoms, läßt sich aber keine Lyrik-Theorie mehr begründen: denn die Postmoderne – der Philosoph Ulrich Sonnemann hat es unübertrefflich präzis formuliert – ist allenfalls der Mittagsschlaf der Moderne. Und auch die schroffe Kritik an den spracharchäologischen Grabungen und textuellen Schürfungen eines Thomas Kling, an den »Schädelbasislektionen« Durs Grünbeins oder an den fragilen surrealen Idyllen Jan Koneffkes greift zu kurz. All diese so extrem heterogenen Dichterstimmen: die von Jan Koneffke, Durs Grünbein, Barbara Köhler, Thomas Kling , Bert Papenfuß, Matthias Politycki, Steffen Jacobs, Robert Gernhardt – und natürlich auch die von Dirk von Petersdorff sind im »verlorenen Alphabet« vertreten. Wer denn nun wirklich der bessere Lyriker ist – darüber darf gestritten werden.

V

Jedes neue Gedicht verändert die Theorien, die über »die Lyrik« zirkulieren; stabil und verläßlich ist aber einzig der Zweifel, der an vermeintlich letztgültigen Wahrheiten der poetischen Gesetzgeber nagt. Das gilt für alle Versuche, den poetischen Prozeß der neunziger Jahre zu objektivieren und einer bestimmten »Tendenz« zu unterstellen. Wenn etwa Heinrich Detering (1993) das ästhetische Primat des »engagierten Hermetismus« einklagt und dieser Schreibweise dann aber so unterschiedliche Autoren wie Anne Duden, Thomas Kling, Lioba Happel und Friederike Roth zuordnet, dann ist die begriffliche Konfusion nicht weit. Inspirierender wirkte da schon die Debatte, die Franz Josef Czernin (1995) in seinem grimmigen Pamphlet gegen die Gedichte Durs Grünbeins auslöste. Das Gedicht als »Designerdroge«, gemixt aus »unreflektiertem Traditionalismus«, »aufgesetzter Feierlichkeit«, »Bildungsprunk« und »preziöser Metaphorik«: Diese Frontalattacke gegen den Büchnerpreisträger des Jahres 1995 munitionierte sich aus den Arsenalen eines sehr österreichischen und sehr rechthaberischen Avantgarde-Begriffs. Aber sie rührte an die Essentiale zeitgenössischen lyrischen Schreibens, in dem sie die zentralen Fragen stellte: Wie ist zu verfahren mit der »althergebrachten poetischen Maschinerie« (Czernin)? Sind »Genitivmetaphern« noch legitimierbar? Kann man »mit ästhetischem Recht« schreiben, ohne sich um die Techniken und Einsichten der alten Avantgarde zu kümmern? Auch in diesem Fall ermöglicht »Das verlorene Alphabet« den kritischen Vergleich: Welche Dichtung fasziniert mehr? Eine Poesie, die sich ausschließlich und mit wachsender Begeisterung den wechselnden »Aggregatzuständen der Sprache« (Czernin) widmet – oder ein »Schreiben am Schnittpunkt sehr vieler Stimmen« (Grünbein), angesiedelt im wenig erforschten Niemandsland zwischen Poesie, Medizin und Biologie?

VI

Lyrikgeschichte, so belehrt uns der Literaturwissenschaftler Erk Grimm (1995), ist immer auch Mediengeschichte: Die avanciertesten Verfahrensweisen der zeitgenössischen Lyrik verortet er in der »Kontaktzone zwischen Körper und Medien«, in die das lyrische Subjekt abtauche, umflossen von »polyglotten Informationsströmen«. Nicht mehr von Natur, Liebe und romantischem Gefühl sei das moderne Gedicht beseelt, sondern von Sprache und Schrift als »spaltbarem Material«.
Diesen kühlen Technizismus unterlegt er als Deutungsmuster seinen Interpretationen der Gedichte Thomas Klings und Durs Grünbeins. Aber die »Schädelbasislektionen« Grünbeins sind somatisch und anthropologisch begründet, sie entwerfen eine »Ästhetik des Sarkastischen« als poetische Dechiffrierkunst des Körpers. Das Flimmern und Rauschen der

schönen neuen Medienwelt wird in diesem Dichtungskonzept registriert, nicht aber zur zentralen Kategorie nobilitiert. Auch die im besten Sinne extremistische Dichtung Thomas Klings, so sehr sie sich in medientechnischen Kontexten bewegt, sollte man nicht mit einer Techno-Manie analytisch kurzschließen. Die phonetisch wie rhythmisch und semantisch hoch aufgeladenen Texte Klings faszinieren, nicht weil sie mit ihrer Schnitt- und Zerreißungs-Kunst auf technische Medien rekurrieren (Fotografie, Film, Tonband, Televisor, Vocoder), sondern weil sie in virtuosen Engführungen und Montagen direkt auf ureigenes Terrain der Lyrik zusteuern: nämlich mitten hinein in Geschichte, Natur, Körper und – die Großstadt (»Manhattan Mundraum«, 1996). Ein weiteres, obsessiv beschworenes Thema Klings ist die Auseinandersetzung mit »Palimpsesten«, die Rekonstruktion einer unlesbar gewordenen Urschrift. Auch in den avanciertesten Dichtungskonzepten unserer Tage findet sie also statt: die Suche nach dem »verlorenen Alphabet«.

VII

Dies ist seit je die Arbeit des Gedichts gewesen: die Suche nach verschollenen Urschriften. »Wir übersetzen«, sagt Günter Eich, »ohne den Urtext zu haben.« So sucht auch das lyrische Ich in Christoph Meckels Gedicht nach dem »fehlenden Wort«, das den erlösenden Zusammenhang stiften könnte: »Ich suchte die Wörter zusammen, eines fehlte. / Von Geburt zum Abend, vom Tod zum Morgen / war jedes Wort an seiner Stelle / gebraucht und nicht gebraucht, und ein Wort fehlte.« Die Suche nach dem »fehlenden Wort« verweist auf eine Urszene poetischer Sehnsucht – die Erinnerung an das verlorene Paradies. Es ist der Dichter, so sagt es die dänische Poetin Inger Christensen, der die Suchbewegung nach dem verlorenen »paradiesischen Raum« ausführt: Er, der Dichter, versucht »zum paradiesischen Zustand der Sprache vorzudringen, wo Schriftsteller und Sprache verschmelzen, obwohl er am Ende immer wieder aus dem Paradies vertrieben wird, das er – so empfindet er – ganz aus sich selbst geschaffen hat«. Auch die Lyrik der neunziger Jahre, wovon sie thematisch auch reden mag, versucht sich immer wieder in dieser Arbeit der Rekonstruktion. Sie partizipiert an der unabschließbaren Suche nach dem verlorenen paradiesischen Zustand der Sprache, sie sucht – sei es auf »Einsamen Tafeln« (Gregor Laschen), »anatomischen Tafeln« (Durs Grünbein), auf »Palimpsesten« oder in »textadersystemen« (Thomas Kling): das verlorene Alphabet. Diese Suchbewegung ist also keineswegs das Privileg von Literaturarchäologen wie Raoul Schrott, der die Geschichte des

Alphabets und der Schrift gründlich erforscht hat und dessen eigene Gedichte diesen Forschungsprozeß abbilden. Natur und Geschichte liest Schrott wie eine Schrift:»das alphabet der bäume« – die Welt verwandelt sich in ein System zu entziffernder Zeichen.

Der Titel der Anthologie bezeichnet auch noch in einem zweiten Sinn die Erfahrung eines Verlusts.»Das verlorene Alphabet« verweist auf jene berühmte Erfahrung der fundamentalen Sprachkrise, in die einst Hugo von Hofmannsthal seinen Lord Chandos stürzen ließ. Paradoxerweise ist es gerade diese Angst, die Sprache zu verlieren, die den poetischen Impuls auszulösen vermag. Über diese Geburt poetischer Rede aus dem Schock des Verstummens hat Peter Waterhouse in seinem epochalen poetischen Essaybuch»Die Geheimnislosigkeit« (1996) einige wahre und elementare Sätze geschrieben:»Jedes Gedicht, das ich sagte und schrieb oder schreiben wollte, kam aus einem: Ich kann nicht sprechen; ich habe keine Wörter.«

VIII

Die Lyrik fügt sich in ihren Wandlungen und Metamorphosen so wenig in die Entwicklungs-Logik eines Dezenniums wie andere Kunstgattungen, denn»Kreativität und Dezimalsystem stimmen selten überein« (Gerd Henniger). So kommt auch dieser Versuch einer Bilanzierung eines lyrischen Jahrzehnts nicht ohne gewisse Zeit-Überschreitungen aus. In das Kapitel»Playback«, das sich einigen großen Dichtern widmet, die im hier untersuchten Zeitraum gestorben sind, haben die Herausgeber einige Texte eingeschmuggelt, die schon in den siebziger oder achtziger Jahren geschrieben wurden. Aber auch an anderer Stelle lassen sich (einige wenige) Texte ausfindig machen, die schon vor 1990 entstanden sind – aber sich hervorragend in den Kontext der einzelnen Kapitel einfügten.

IX

An den Maßstäben von Orthographie-Reformern gemessen, laboriert moderne Lyrik immer an fortschreitender Rechtschreibschwäche.»Die Welt ist ein Druckfehler«: Man kann von den hoch erregten Kombattanten in der Rechtschreibreform-Debatte nicht verlangen, daß ihnen dieses Diktum von Günter Eich bekannt ist. Schon Arno Schmidt suchte einen »mä-10« und übte sich in»fonetischer schreibunk«, um den vielverzweigten Wurzeln der einzelnen Wörter und»Etyms« auf die Spur zu kommen. Auch die ungefälligen Schreibweisen von Thomas Kling, Thomas Gruber oder Bert Papenfuß sind mit dem normierten Standard-Deutsch nicht kompatibel. Am Ringen von Kultusministern mit verzweifelten Sprachpflegern und boykottierenden Schriftstellern wird sich diese Anthologie nicht beteiligen. Eine einheitliche Schreibung, etwa bei der Alternative von »ß« und »ss«, wird nicht verordnet, wir ziehen die Demut gegenüber dem Original vor. Auch als orthographische Gesetzesbrecher sind die Lyriker Gesetzgeber.

X

»Randerscheinungen«, hat ein Autor dieser Anthologie, Henning Ziebritzki, seinen ersten Gedichtband genannt. Dieser Titel scheint in seiner Lakonie die Erfahrung sozialer Marginalität zu bekräftigen, mit der jeder Lyriker früher oder später konfrontiert wird. »Randerscheinunge«, das verweist aber nicht nur pragmatisch auf das bekannte Faktum, daß Gedichte ein Minderheitenprogramm sind und laut der berühmten Privatstatistik Hans Magnus Enzensbergers nur jeweils 1354 Landesbewohner pro Gesamtpopulation zu einem Gedichtband greifen. Gedichte sind also Rand-Erscheinungen, aber eben auch – wörtlich – Erscheinungen bzw. Illuminationen, wie sie Joseph Brodsky in einem seiner letzten Essays definiert hat: »Innerhalb eines sehr kurzen Zeitraums legt ein Gedicht eine enorme geistige Strecke zurück und gewährt einem oft gegen Ende eine Epiphanie oder Offenbarung.« Das Gedicht als Rand-Erscheinung spricht also vom Rand her auf eine übervölkerte Mitte zu, die okkupiert ist vom Gewimmel der Alltags-, Medien- und Fach-Sprachen, nicht zuletzt von der dröhnenden Sprache der Macht. In dieser Situation sind die Chancen für das Gedicht, Gehör zu finden, eher gering. Dennoch: Das Gedicht als »Randerscheinung« – das ist gewiß ein Ehrentitel.

XI

Was ist also das Spezifikum einer Lyrik der neunziger Jahre? Ernst Jandl hat es in einem Interview aus dem Jahr 1990 so formuliert: »Ich meine, Lyrik, oder jede Art von Literatur, …kann nur entstehen gegen den Hintergrund oder auf der Basis von aller bisherigen Literatur oder Lyrik. Da ein Weniges wenig anders gemacht zu haben als es schon war, ist ziemlich alles, was man erreichen kann. Ein Weniges ein wenig anders machen. Ganz kleine Verschiebungen.«

Hans Thill

33 intime Maximen
zur Verbesserung der Poesie

Lassen Sie sich nichts anmerken. Prüfen Sie den Zustand Ihrer Kleidung, bevor Sie das Haus verlassen. Sind alle Fenster geschlossen, die Herdplatten abgestellt?

◊

Die Poesie ist eine Welt nebenan. Erleichtern Sie den Übergang. In ihr hat alles Platz, was zur hiesigen Welt gehört.

◊

Versuchen Sie immer ein wenig klüger zu sein als die Texte der Anderen (Nachbarn, Vorväter) & ein wenig dümmer als die eigenen.

◊

Sparen Sie sich die Zeitungslektüre. Frühstücken Sie einsam, Gedichte zum Kaffee lesend. Verbringen Sie Ihre Nächte vor dem Fernseher.

◊

Wie entkommt man dem kalten Quatsch der Unterhaltungsindustrie? Seien Sie gesellig, sonnen Sie sich in der Dummheit eines hohen Bergs, überqueren Sie große Wasserflächen.

◊

Poesie richtet bestenfalls volkswirtschaftlichen Schaden an.

◊

Finden Sie den subjektiven Kern im Auflösungsprozeß des Subjekts.

213

◊

Schützen Sie Ihren Körper. Verzichten Sie auf ein Haus.

◊

Suchen Sie sich eine sinnvolle Beschäftigung, das Leben als Dichter ist langweilig und demütigend.

◊

Jeder Körper ist sich selbst der fernste. Beobachten Sie ihn, wie er sich durch Sprache denkt.

◊

Rühr mich nicht an, sagt der Körper, ich habe mich verbrannt.

◊

Gehen Sie Bindungen ein. Meiden Sie unkündbare Verhältnisse. Gießen Sie die Pflanzen auf dem Balkon.

◊

Folgen Sie der Schönheit der Sätze. Suchen Sie das Mißverständnis.

◊

Durch Ihren Wohnort sollte eine Straßenbahn gehen. Meiden Sie die Natur und die Wissenschaft.

◊

Seien Sie virtuos. Begeben Sie sich in den alphabetischen Lärm. Jammert es nicht aus dem Buchstabensalat?

◊

Gehen Sie nie zweimal denselben Weg. Fürchten Sie nicht die Wiederholung.

◊

Im Zweifelsfall: verweigern Sie die Aussage.

◊

Der Dichter Jacques Roubaud sitzt mir im Zug gegenüber. Er liest in einer Beckett-Biographie. Ab und zu ruft er begeistert Neuigkeiten in das Abteil: Beckett ist früh aufgestanden! Er hat nach dem Abendessen nicht mehr geschrieben! etc. Ich liebe solche Kleinigkeiten bei großen Kollegen, sagt er. // Kleinigkeit vom großen Kollegen Roubaud.

◊

Vom *Weh-mir* bis zum *Was-krieg-ich-jetzt*: schriftlich fixiert, wird der Gedanke zum Gesetz.

◊

Trinken Sie den guten Wein, den Sie sich nicht leisten können.

◊

Suchen Sie Verbündete für den aussichtslosen Kampf gegen Vergangenheit und Gegenwart: möglichst nicht nur in der europäischen Dichtung, möglichst nicht nur unter den Zeitgenossen.

◊

Leben Sie so, daß Sie von Besitz verschont bleiben. Üben Sie sich in Gleichgültigkeit gegenüber ihrem Kontostand.

◊

Schreiben Sie hastig. Verfertigen Sie unfertige Texte. Schreiben Sie Ihre Texte so oft mit der Hand, bis sie zu ertragen sind.

◊

Arbeiten Sie wenig. Stehen Sie auf Brücken und in Straßenecken. Gehen Sie ein paar Schritte in der Fußgängerzone.

◊

Versuchen Sie einen Text erst zu überblicken, wenn Sie seine Möglichkeiten voll ausgeschöpft haben.

◊

Was Sie mit einem Text erreichen wollten, dürfen Sie frühestens wissen, wenn er abgedruckt ist.

◊

Schreiben Sie ins Ungewisse, nicht ins Ungefähre.

◊

Führen Sie Selbstgespräche.

◊

Rechnen Sie mit der eigenen Vergeßlichkeit. Lassen Sie die Pflanzen auf dem Balkon verdorren, zugunsten einer Wendung.

◊

Die Generationen? Wie viele noch bis ins Abendland.

◊

Achten Sie auf Ihre Gesundheit.

◊

Suchen Sie die Überschreitung, haben Sie den Mut zur Verstiegenheit, auch wenn ganz oben die Gletscher der Bronze-Zeit warten.

◊

Neulich aufgeschnappt:»Bedeutungsüberschuß«, »Duldungsstarre« und die Wendung:»das ist mir gar nicht mal so unwurst.«

Die Autoren

Herbert Achternbusch
1938 in München geboren, lebt dort.
Langboh
Erstveröffentlichung

Monica Adolph
1949 in Köln geboren, lebt dort.
Gerüche Geräusche
Aus: Zwischen den Zeilen, Heft 5 (1995)

Richard Anders
1928 in Ortelsburg/Ostpreußen (heute Szcytno/Polen) geboren, lebt in Berlin.
Gedichtbände, zuletzt: Verscherzte Trümpfe (Galrev, Berlin 1993); Die Pendeluhren haben Ausgangssperre (ebda, 1998).
Schnecke
Aus: Verscherzte Trümpfe (Galrev, Berlin 1993)

Henning Ahrens
1964 in Peine geboren, lebt in Kiel.
Gedichtbände: Lieblied was kommt (Deutsche Verlags-Anstalt, Stuttgart 1998).
Krähe
Aus: Lieblied was kommt (Deutsche Verlags-Anstalt, Stuttgart 1998)

Sascha Anderson
1953 in Berlin geboren, lebt dort.
Gedichtbände, zuletzt: Jewish Jetset (Galrev, Berlin 1991); Rosa Indica Vulgaris (ebda, 1994); Herbstzerreissen (ebda, 1997).
Von I. nach J.
Aus: Herbstzerreissen (Galrev, Berlin 1997)

Hans Arnfrid Astel
1933 in München geboren, lebt in Saarbrücken.
Gedichtbände, zuletzt: Wohin der Hase läuft (Forum Verlag, Leipzig 1992); Jambe(n) & Schmetterling(e) oder Amor & Psyche (Wunderhorn, Heidelberg 1993).

Wilhelm Bartsch

1950 in Eberswalde/Mark Brandenburg geboren, lebt in Halle.
Gedichtbände, zuletzt: Gen Ginnungagap (Mitteldeutscher Verlag, Halle
1994).

Jürgen Becker

1932 in Köln geboren, lebt dort.
Gedichtbände, zuletzt: Das englische Fenster (Suhrkamp, Frankfurt am
Main 1990); Beispielsweise am Wannsee (ebda, 1992); Foxtrott im Erfurter
Stadion (ebda, 1993); Korrespondenzen mit Landschaft (mit Bildern von
Rango Bohne) (ebda, 1996).

Marcel Beyer

1965 in Tailfingen/Württemberg geboren, lebt in Dresden.
Gedichtbände, zuletzt: Walkmännin (Patio Verlag, Neu-Isenburg 1991);
Brauwolke (Uwe Warnke Verlag, Berlin 1994); Falsches Futter (Suhrkamp,
Frankfurt am Main 1997).

Paulus Böhmer

1939 in Berlin geboren, lebt in Frankfurt am Main.
Gedichtbände, zuletzt: Säugerleid (Axel Dielmann Verlag, Frankfurt am Main 1996); Eben noch, Jetzt, Vor langer Zeit (Axel Dielmann Verlag, Frankfurt am Main 1997); Die Ohm (Peter Engstler Verlag, Ostheim 1997).

Gerhard Bolaender

1957 in Bochum geboren, lebt in Frankfurt am Main.
Gedichtbände, zuletzt: Jazzstimmen (Residenz, Salzburg 1991).

Elisabeth Borchers

1926 in Homberg/Niederrhein geboren, lebt in Frankfurt am Main.
Gedichtbände, zuletzt: Von der Grammatik des heutigen Tages (Suhrkamp, Frankfurt am Main 1992); Was ist die Antwort (Suhrkamp, Frankfurt am Main 1998).

Volker Braun

1939 in Dresden geboren, lebt in Berlin.
Gedichtbände, zuletzt: Lustgarten. Preußen, Ausgewählte Gedichte (Suhrkamp, Frankfurt am Main, 1996).

Jörg Burkhard

1943 in Dresden geboren, lebt in Heidelberg.

Michael Buselmeier

1938 in Berlin geboren, lebt in Heidelberg.
Gedichtbände, zuletzt: Erdunter (Wunderhorn, Heidelberg 1992); Ich rühm dich Heidelberg (ebda, 1996); Ode an die Sportler und andere Gedichte (ebda, 1998).

Heinz Czechowski

1935 in Dresden geboren, lebt in Schöppingen/Westfalen.
Gedichtbände, zuletzt: Nachtspur (Ammann, Zürich 1993); Wüste Mark Kolmen (ebda, 1997).

Franz Josef Czernin

1952 in Wien geboren, lebt in Rettenegg (Österreich).
Gedichtbände, zuletzt: Teller und Schweiss (Verlag Pakesch und Schleebrügge, Wien 1991); Ein Gewand (edition Thaddeus Ropac, Salzburg 1992); Gedichte (Droschl, Graz 1993); Die Kunst des Sonetts (Droschl, Graz 1993); Terzinen (Edition Artelier, Graz-Frankfurt 1994); natur-gedichte (Hanser, München 1996).

Friedrich Christian Delius

1943 in Rom geboren, lebt in Berlin.
Gedichtbände, zuletzt: Selbstporträt mit Luftbrücke. (Rowohlt, Reinbek 1993).

Christoph Derschau

1938 in Potsdam geboren, 1995 in Hamburg gestorben.
Gedichtbände, zuletzt: So hin und wieder die eigene Haut ritzen...,
Ausgewählte Gedichte (Fischer, Frankfurt am Main 1986).

Ein dicker Mann geht einfach weg   200
Aus: So hin und wieder die eigene Haut ritzen... (Fischer, Frankfurt am
Main 1986)

Wolfgang Dietrich

1957 in Sebusein (CSSR) geboren, lebt in Dresden.
Gedichtbände, zuletzt: Vergelts Gott (Galrev, Berlin 1994).

An einen Informatiker in Starnberg   135
Aus: Hauptstadt der Arbeit (Dagyeli Verlag, Frankfurt am Main 1986)
Das Bergwerk   169
Erstveröffentlichung: Zwischen den Zeilen, Heft 10 (1995)

Hugo Dittberner

1944 in Gieboldehausen/Niedersachsen geboren, lebt in Kalefeld.
Gedichtbände, zuletzt: Das letzte fliegende Weiß (Palmenpresse, Köln
1994); Wasser Elegien (Postskriptum Verlag, Hannover 1997).

Ein Georg   22
Lerchen über uns   75
Aus: Das letzte fliegende Weiß (Palmenpresse, Köln 1994)

Michael Donhauser

1956 in Vaduz (Liechtenstein) geboren, lebt in Wien.
Gedichtbände, zuletzt: Die Wörtlichkeit der Quitte. (Droschl, Graz
1990); Dich noch und (Residenz, Salzburg 1991); Von den Dingen
(Hanser, München 1993); Das neue Leben (Residenz, Salzburg 1994).

Die Amsel   72
Aus: Dich noch und (Residenz, Salzburg 1991)
Tra le due ville   103
Erstveröffentlichung: manuskripte 113 (1991)

Róža Domašcyna

1951 in Zerna/Oberlausitz geboren, lebt in Bautzen.
Gedichtbände, zuletzt: Zaungucker (Janus press, Berlin 1991); Zwischen
gangbein und springbein (ebda, 1995); selbstredend selbzweit selbdritt
(ebda, 1998).

Unterm weißleinenen tuch   26
Aus: Zwischen gangbein und spielbein (Janus press, Berlin 1995)

Ulrike Draesner

1962 in München geboren, lebt in Berlin.
Gedichtbände, zuletzt: gedächtnisschleifen (Suhrkamp, Frankfurt am Main 1995); anis-o-trop (Rospo Verlag, Hamburg 1997).

Kurt Drawert

1956 in Henningsdorf/Brandenburg geboren, lebt in Darmstadt.
Gedichtbände, zuletzt: Privateigentum (Suhrkamp, Frankfurt am Main 1990); Wo es war (ebda, 1996).

Anne Duden

1942 in Oldenburg i.O. geboren, lebt in London.
Gedichtbände, zuletzt: Steinschlag (Kiepenheuer & Witsch, Köln 1993); Wimpertier (ebda, 1995).

Oswald Egger

1963 in Lana/Südtirol geboren, lebt in Wien.
Gedichtbände, zuletzt: Die Erde der Rede (Kleinheinrich, Münster 1993); Juli, September, August. Herde der Rede Moiré (Edition Solitude, Stuttgart 1997).

Clemens Eich

1954 in Rosenheim geboren, 1998 nach einem Sturz auf einer Treppe der Wiener Untergrundbahn gestorben.

Dieter M. Gräf
1960 in Ludwigshafen geboren, lebt in Köln.
Gedichtbände, zuletzt: Rauschstudie Vater+Sohn (Suhrkamp, Frankfurt am
Main 1994); Treibender Kopf (ebda, 1997).

Ludwig Greve
1924 in Berlin geboren, 1991 bei Amrum in der Nordsee ertrunken.
Gedichtbände, zuletzt: Sie lacht (Fischer, Frankfurt am Main 1991).

Thomas Gruber
1960 in Ludwigshafen geboren, lebt in Heidelberg.

Durs Grünbein
1962 in Dresden geboren, lebt in Berlin.
Gedichtbände, zuletzt: Schädelbasislektion (Suhrkamp, Frankfurt am Main
1991); Falten und Fallen (ebda, 1994); Den Teuren Toten. 33 Epitaphe
(ebda, 1994); Von der üblen Seite. Gedichte 1985-1991 (ebda, 1995).

Dorothea Grünzweig
1952 in Korntal bei Stuttgart geboren, lebt in Helsinki.
Gedichtbände, zuletzt: Mittsommerschnitt (Wallstein, Göttingen 1997).

Anmerkung: Seili, eine Insel an der Westküste Finnlands, war lange Ver-
bannungsort für Leprakranke, Geisteskranke und gesellschaftlich
Marginalisierte in der Zeit schwedischer und russischer Herrschaft.

Ulla Hahn

1946 in Brachthausen/Sauerland geboren, lebt in Hamburg.
Gedichtbände, zuletzt: Epikurs Garten (Deutsche Verlags-Anstalt, Stuttgart 1995); Galileo und zwei Frauen (ebda, 1997).

Heinz G. Hahs

1934 in Köln geboren, lebt in Mainz.
Gedichtbände, zuletzt: ISH'ban (Halfmann und Scheidel, Kaiserslautern 1990).

Lioba Happel

1957 in Aschaffenburg geboren, lebt in Lausanne und Berlin.
Gedichtbände, zuletzt: Der Schlaf überm Eis (Schöffling, Frankfurt am Main 1995).

Ludwig Harig

1927 in Sulzbach geboren, lebt dort.

Harald Hartung

1932 in Herne geboren, lebt in Berlin
Gedichtbände, zuletzt: Jahre mit Windrad (Steidl, Göttingen 1996).

Rolf Haufs

1935 in Düsseldorf geboren, lebt in Berlin.
Gedichtbände, zuletzt: Allerweltsfieber (Hanser, München 1990); Vorabend (ebda, 1994); Augustfeuer (ebda, 1996).

Manfred Peter Hein
1931 in Darkehmen/Ostpreußen geboren, lebt in Espoo (Finnland).
Gedichtbände, zuletzt: Ausgewählte Gedichte 1956-1986 (Ammann, Zürich 1993); Über die dunkle Fläche (ebda, 1994); Spiegelkehre (Ulrich Keicher, Warmbronn 1995).

Erstveröffentlichungen

Helmut Heißenbüttel
1921 in Rüstringen bei Wilhelmshaven geboren, gestorben 1996 in Glücksstadt.
Gedichtbände und Texbücher, zuletzt: Textbuch 11 in gereinigter Sprache (Klett-Cotta, Stuttgart 1987).
Erstveröffentlichung: Akzente 1/1994

Kerstin Hensel
1961 in Karl-Marx-Stadt (Chemnitz) geboren, lebt in Berlin.
Gedichtbände, zuletzt: Schlaraffenzucht (Luchterhand, Frankfurt am Main 1990); Gewitterfront (Mitteldeutscher Verlag, Halle 1991); Angestaut (ebda, 1993).
Aus: Angestaut (Mitteldeutscher Verlag, Halle 1993).

Klaus Hensel
1954 in Kronstadt (Rumänien) geboren, lebt in Frankfurt am Main.
Gedichtbände, zuletzt: Stradivaris Geigenstein (Frankfurter Verlagsanstalt, Frankfurt am Main 1990).
Erstveröffentlichungen

Günter Herburger
1932 in Isny im Allgäu geboren, lebt in München.
Gedichtbände, zuletzt: Das brennende Haus (Luchterhand, Frankfurt am Main 1991); Sturm und Stille (ebda, Hamburg 1993); Im Gebirge (ebda,

Steffen Jacobs

1968 in Düsseldorf geboren, lebt in Berlin.
Gedichtbände, zuletzt: Der Alltag des Abenteurers (Fischer, Frankfurt am Main 1996); Geschulte Monade (ebda, 1997).

Aus: Geschulte Monade (Fischer, Frankfurt am Main 1997).

Ernst Jandl

1925 in Wien geboren, lebt dort.
Gedichtbände, zuletzt: idyllen (Luchterhand, Frankfurt am Main 1989); stanzen (ebda, Hamburg 1992); peter und die kuh (ebda, München 1996); poetische werke in zehn Bänden (ebda, 1997).
Aus: peter und die kuh (Luchterhand, München 1996).

Birgit Kempker

1956 in Wuppertal geboren, lebt in Basel.
Aus dem gleichnamigen Zyklus
Erstveröffentlichung: Kolik 3 (1998)

Sarah Kirsch

1935 in Limlingerode/Südharz geboren, lebt in Tielenhemme.
Gedichtbände, zuletzt: Erlkönigs Tochter (Deutsche Verlags-Anstalt, Stuttgart 1992); Ich, Crusoe (ebda, 1995); Bodenlos (ebda, 1996); Die Luftspringerin (ebda, 1997).
Aus: Erlkönigs Tochter (Deutsche Verlags-Anstalt, Stuttgart 1992)

Wulf Kirsten

1934 in Klipphausen bei Meißen geboren, lebt in Weimar.
Gedichtbände, zuletzt: stimmenschotter (Ammann, Zürich 1993).
Erstveröffentlichung: Hermenautik – Hermeneutik. Festschrift für Peter Horst Neumann (Könighausen & Neumann, Würzburg 1996).
Aus: stimmenschotter (Ammann, Zürich 1993).

Thomas Kling

1957 in Bingen geboren, lebt in Köln und auf der Raketenstation Hombroich bei Neuss.
Gedichtbände, zuletzt: brennstabm (Suhrkamp, Frankfurt am Main 1991); nacht.sicht.gerät. (ebda, 1993); wände machn (Kleinheinrich, Münster 1994); morsch (Suhrkamp, Frankfurt am Main 1996).

Barbara Köhler

1959 in Burgstädt/Sachsen geboren, lebt in Duisburg.
Gedichtbände, zuletzt: Deutsches Roulette (Suhrkamp, Frankfurt am Main 1991); Blue Box (ebda, 1995).

Uwe Kolbe

1957 in Berlin geboren, lebt in Poltringen.
Gedichtbände, zuletzt: Nicht wirklich platonisch (Suhrkamp, Frankfurt am Main 1994); Vineta (ebda, 1998).

Alfred Kolleritsch

1931 in Brunnsee/Steiermark geboren, lebt in Graz.
Gedichtbände, zuletzt: Gegenwege (Residenz, Salzburg 1991); Zwei Wege, mehr nicht (ebda, 1993).

Jan Koneffke
1960 in Darmstadt geboren, lebt in Rom.
Gedichtbände, zuletzt: Gelbes Dienstrad wie es hoch durch die Luft schoß (Frankfurter Verlagsanstalt, Frankfurt 1989).

Ursula Krechel
1947 in Trier geboren, lebt in Frankfurt am Main.
Gedichtbände, zuletzt: Technik des Erwachens (Suhrkamp, Frankfurt am Main 1992); Landläufiges Wunder (ebda, 1995).

Karl Krolow
1915 in Hannover geboren, lebt in Darmstadt.
Gedichtbände, zuletzt: Ich höre mich sagen (Suhrkamp, Frankfurt am Main 1992); Die zweite Zeit (ebda, 1995); Gesammelte Gedichte 4 (ebda, 1997).

Michael Krüger
1943 in Wittgendorf/Thüringen geboren, lebt in München.
Gedichtbände, zuletzt: Brief nach Hause (Residenz, Salzburg 1993); Nachts, unter Bäumen (ebda, 1996); Wettervorhersage (ebda, 1998).

Ute-Christine Krupp
1962 bei Kaiserslautern geboren, lebt in Köln.

Sabine Küchler

1965 in Bremen geboren, lebt in Köln.
Gedichtbände, zuletzt: Ich erklär es mir so (Verlag Eric van der Wal, Bergen/NL 1990).

Erstveröffentlichung: Zwischen den Zeilen 5 (1995).

Johannes Kühn

1934 in Bergweiler/Saar geboren, lebt in Tholey/Hasborn.
Gedichtbände, zuletzt: Gelehnt an Luft (Hanser, Müncchen 1992); Leuchtspur (ebda, 1995); Wasser genügt nicht (ebda, 1997).
Aus: Leuchtspur (Hanser, München 1995).
Erstveröffentlichung: Jahrbuch der Lyrik 97/98.

Günter Kunert

1929 in Berlin geboren, lebt bei Itzehoe.
Gedichtbände, zuletzt: Fremd daheim (Hanser, München 1990); Mein Golem (ebda, 1996).
Aus: Mein Golem (Hanser, München 1996).

Reiner Kunze

1933 in Oelsnitz/Sachsen geboren, lebt in Obernfell/Erlau.
Gedichtbände, zuletzt: ein tag auf dieser erde (Fischer, Frankfurt am Main 1998).
Aus: ein tag auf dieser erde (Fischer, Frankfurt am Main 1998).

Gregor Laschen

1941 in Ückermünde/Pommern geboren, lebt in Utrecht und Rolandseck.
Gedichtbände, zuletzt: Jammerbugt-Notate (Wunderhorn, Heidelberg 1995).

Christoph Meckel

1935 in Berlin geboren, lebt dort.
Gedichtbände, zuletzt: Gesang vom unterbrochenen Satz (Hanser,
München 1995).

Karl Mickel

1935 in Dresden geboren, lebt in Berlin
Gedichtbände, zuletzt: Palimpsest (VG-Verlag, 1990).

Franz Mon

1926 in Frankfurt am Main geboren, lebt dort.
Gedichtbände, zuletzt: Gesammelte Texte 1-4 (Janus press, Berlin 1994–97).

Heiner Müller

1929 in Eppendorf geboren, 1995 in Berlin gestorben.
Gedichtbände, zuletzt: Gedichte (Suhrkamp, Frankfurt am Main 1998).

Rainer René Müller

1949 in Würzburg geboren, lebt in Heidenheim.

Erstveröffentlichung: Zwischen den Zeilen 9 (1996).

Marian Nakitsch

1952 in Novska (Kroatien) geboren, lebt in Berlin.
Gedichtbände, zuletzt: Flügelapplaus (Fischer, Frankfurt am Main 1994).
Erstveröffentlichung: Akzente 5/1995.
Aus: Flügelapplaus (Fischer, Frankfurt am Main 1994).

Helga M. Novak

1935 in Berlin geboren, lebt in Legbad bei Gdansk (Polen).
Gedichtbände, zuletzt: Silvatica (Schöffling, Frankfurt am Main 1997).
Aus: Silvatica (Schöffling, Frankfurt am Main 1997).

Brigitte Oleschinski

1955 in Köln geboren, lebt in Berlin.
Gedichtbände, zuletzt: Mental Heat Control (Rowohlt, Reinbek 1990); Your passport is not guilty (ebda, 1997).
Aus: Your passport is not guilty (Rowohlt, Reinbek 1997).

Albert Ostermaier

1967 in München geboren, lebt dort.
Gedichtbände, zuletzt: Herz Vers Sagen (Suhrkamp, Frankfurt am Main 1995); fremdkörper hautnah (ebda, 1997).
Aus: Herz Vers Sagen (Suhrkamp, Frankfurt am Main 1995).

Bert Papenfuß

1956 in Stavenhagen/Mecklenburg geboren, lebt in Berlin.
Gedichtbände, zuletzt: tiské (Steidl, Göttingen 1990); NUNFT FKK / IM

(ebda, 1992); Gesammelte Texte 1-5 (Janus press, Berlin 1993-1996); hetze (ebda, 1998).

Erstveröffentlichung: Jahrbuch der Lyrik 8 (1992).

Simone Kathrin Paul
1966 geboren, lebt in Berlin.
Erstveröffentlichung

Oskar Pastior
1927 in Hermannstadt/Siebenbürgen geboren, lebt in Berlin.
Gedichtbände, zuletzt: Kopfnuß Januskopf (Hanser, München 1990); Vokalisen & Gimpelstifte (ebda, 1992); Eine kleine Kunstmaschine. 34 Sestinen (ebda, 1993); Gimpelschneise in die Winterreise-Texte von Wilhelm Müller (Urs Engeler Editor, Basel/Weil am Rhein 1997); Das Hören des Genitivs (Hanser, München 1997).
Aus: Das Hören des Genitivs (Hanser, München 1997).
Aus: Kopfnuß Januskopf (Hanser, München 1990).
Anmerkung: »und nimmt sinn ...« ist ein Silbenpalindrom.
Aus: Gimpelschneise in die Winterreise-Texte von Wilhelm Müller (Urs Engeler Editor, Basel/Weil am Rhein 1997).
Anmerkung: »gaumendünung« ist die »Übersetzung« des Müllerschen »Frühlingstraumes«.
Aus: Das Hören des Genitivs (Hanser, München 1997).

Dirk von Petersdorff
1966 in Kiel geboren, lebt in Saarbrücken.
Gedichtbände, zuletzt: Wie es weitergeht (Fischer, Frankfurt am Main 1992); Zeitlösung (ebda, 1995); Bekenntnisse und Postkarten (ebda, 1999).
Aus: Wie es weitergeht (Fischer, Frankfurt am Main 1992).
Aus: Zeitlösung (Fischer, Frankfurt am Main 1995).

Tom Pohlmann
1962 in Altenburg geboren, lebt in Leipzig.
Gedichtbände, zuletzt: Solo für Volxmond (Rospo, Hamburg 1996).

Erstveröffentlichung: Edit 15 (1997)
Erstveröffentlichung: Orte. Ansichten. Anthologie deutschsprachiger Lyrik (Landpresse, Weilerswist 1997).

Matthias Politycki
1955 in Karlsruhe geboren, lebt in Hamburg und München.
Gedichtbände, zuletzt: Jenseits von Wurst und Käse (Luchterhand, München 1995).

Aus: Jenseits von Wurst und Käse (Luchterhand, München 1995).

Ilma Rakusa
1946 in Rimavská Sobota (Slowakei) geboren, lebt in Zürich.
Gedichtbände, zuletzt: Ein Strich durch alles. Neunzig Neunzeiler (Suhrkamp, Frankfurt am Main 1997).

Aus: Ein Strich durch alles (Suhrkamp, Frankfurt am Mein 1997).

Thomas Rosenlöcher
1947 in Dresden geboren, lebt dort.
Gedichtbände, zuletzt: Die Dresdner Kunstausübung (Suhrkamp, Frankfurt am Main 1996); Ich sitze in Sachsen und schau in den Schnee (ebda, 1998).

Aus: Die Dresdner Kunstausübung (Suhrkamp, Frankfurt am Main 1996).

Dieter Roth
1930 in Hannover geboren, 1998 in Basel gestorben.
Gedichtbände, zuletzt: Unterm Plundérbaum (Edition Hansjörg Mayer, Stuttgart/London 1979).

Aus: Unterm Plundérbaum (Edition Hansjörg Mayer, Stuttgart / London 1979).

Peter Rühmkorf

1929 in Dortmund geboren, lebt in Hamburg.
Gedichtbände, zuletzt: Einmalig wie wir alle (Rowohlt, Reinbek 1989); Laß leuchten! (ebda, 1993).

Horst Samson

1954 in Salcimi (Rumänien) geboren, lebt in Neuberg.

Joachim Sartorius

1946 in Fürth geboren, lebt in Berlin und München.
Gedichtbände, zuletzt: Der Tisch wird kalt (Kiepenheuer & Witsch, Köln 1992); Vakat (Verlag Walther König, Köln 1993); Was im Turm begann (Rimbaud Verlag, Aachen 1995); Keiner gefriert anders (Kiepenheuer & Witsch, Köln 1996).

Hansjörg Schertenleib

1957 in Zürich geboren, lebt in Copany/County Donegal (Irland).
Gedichtbände, zuletzt: November. Rost (Kiepenheuer & Witsch, 1997).

Ferdinand Schmatz

1953 in Korneuburg (Österreich) geboren, lebt in Wien.
Gedichtbände, zuletzt: speise (edition neue texte, Linz 1992); Dschungel allfach (Haymon, Innsbruck 1996).

Raoul Schrott

1964 auf einem Schiff zwischen Europa und Südamerika geboren, lebt in Innsbruck und Castletownshend, Co. Cork (Irland).
Gedichtbände, zuletzt: Hotels (Haymon, Innsbruck 1995); Tropen. Über das Erhabene (Hanser, München 1998).

Aus: Tropen. Über das Erhabene (Hanser, München 1998).

Silke Andrea Schuemmer

1973 in Aachen geboren, lebt dort.
Gedichtbände, zuletzt: Triptychon oder Salzig schmeckt der Algenstrang (edition fiebig, Berlin 1996).
Aus dem Zyklus »Stirnbilder«.
Erstveröffentlichung: neue deutsche literatur 1/1998.

Schuldt

1941 in Hamburg geboren, lebt dort und in New York.
Gedichtbände, zuletzt: Gestaltschmerz. Dichtung und Prosa auf Oxford Deutsch (Edition Plasma, Berlin 1997); Lustrufe im Garten, Schlagzeilen auf Oxford Deutsch (Droschl, Graz 1998); Am Quell der Donau. Von Friedrich Hölderlin, Robert Kelly, Schuldt. (Steidl, Göttingen 1998).
Erstveröffentlichung: Literaturmagazin 40 (1997).

Lutz Seiler

1963 in Gera/Thüringen geboren, lebt in Wilhelmshorst.
Gedichtbände, zuletzt: berührt/geführt (Oberbaum, Berlin 1995).
Erstveröffentlichung: moosbrand 4 (1996).
Erstveröffentlichung: moosbrand 2 (1994).

Werner Söllner

1951 in Horia (Rumänien) geboren, lebt in Frankfurt am Main.
Gedichtbände, zuletzt: Der Schlaf des Trommlers (Ammann, Zürich 1992).

Peter Waterhouse

1956 in Berlin geboren, lebt in Wien.
Gedichtbände, zuletzt: Kieselsteinplan. Für die unsichtbare Universität (Galrev, Berlin 1990).

Erstveröffentlichung: Atlas der neuen Poesie. Hg. von Joachim Sartorius (Rowohlt, Reinbek 1995).
Aus dem gleichnamigen Zyklus
Erstveröffentlichung: Zwischen den Zeilen 12 (1998).

Ernest Wichner

1952 in Guttenbrunn/Rumänien geboren, lebt in Berlin.
Gedichtbände, zuletzt: Steinsuppe (Suhrkamp, Frankfurt am Main 1988).
Erstveröffentlichungen
Erstveröffentlichung: Sprache im technischen Zeitalter 143/44 (1997).

Michael Wildenhain

1958 geboren, lebt in Rom und Berlin.
Gedichtbände, zuletzt: Das Ticken der Steine (Rotbuch, Berlin 1989).
Erstveröffentlichung: Das Gedicht 1 (1993).

Ror Wolf

1932 in Saalfeld geboren, lebt in Mainz.
Gedichtbände, zuletzt: Aussichten auf neue Erlebnisse (Frankfurter Verlagsanstalt, Frankfurt am Main 1996).
Erstveröffentlichung: Jahrbuch der Lyrik 9 (1993).

Paul Wühr

1927 in München geboren, lebt dort und in Passignano (Italien).
Gedichtbände, zuletzt: Salve Res publica poetica (Hanser, München 1997).
Aus: Salve Res publica poetica (Hanser, München 1997).

Henning Ziebritzki

1961 bei Hannover geboren, lebt in Goslar.
Gedichtbände, zuletzt: Randerscheinungen (Fischer, Frankfurt am Main 1998).

Aus: Randerscheinungen (Fischer, Frankfurt am Main 1998)

Die Herausgeber

Michael Braun

1958 in Hauenstein/Pfalz geboren, lebt als Kritiker in Heidelberg.
Publizierte zuletzt: Jahrbuch der Lyrik 1996/97 (Hrsg. zusammen mit Christoph Buchwald und Michael Buselmeier.)

Hans Thill

1954 in Baden-Baden geboren, lebt als Lyriker und Übersetzer in Heidelberg. Mitbegründer des Verlags Das Wunderhorn. Zuletzt erschien der Gedichtband Zivile Ziele (ebda 1995).

Inhaltsverzeichnis

Anhang

Urheberrechtliche Hinweise